湛蓝温度

白起官方设定集

恋与制作人 著

羊城晚报出版社
·广州·

白起
Gavin

恋与制作人

目录
CONTENTS

点 **Chapter 1** 滴回忆 — 001

心 **Chapter 2** 路历程 — 101

时 **Chapter 3** 光信物 — 119

与 **Chapter 4** 他相逢 — 123

纸 **Chapter 5** 短情长 — 135

特遣B-7,

　　在恋语市发现能量波动。

坐标已发送。

Chapter 1

点滴回忆

—Various Memories—

×

羁绊交织成诗,铭刻成珍贵纪念。

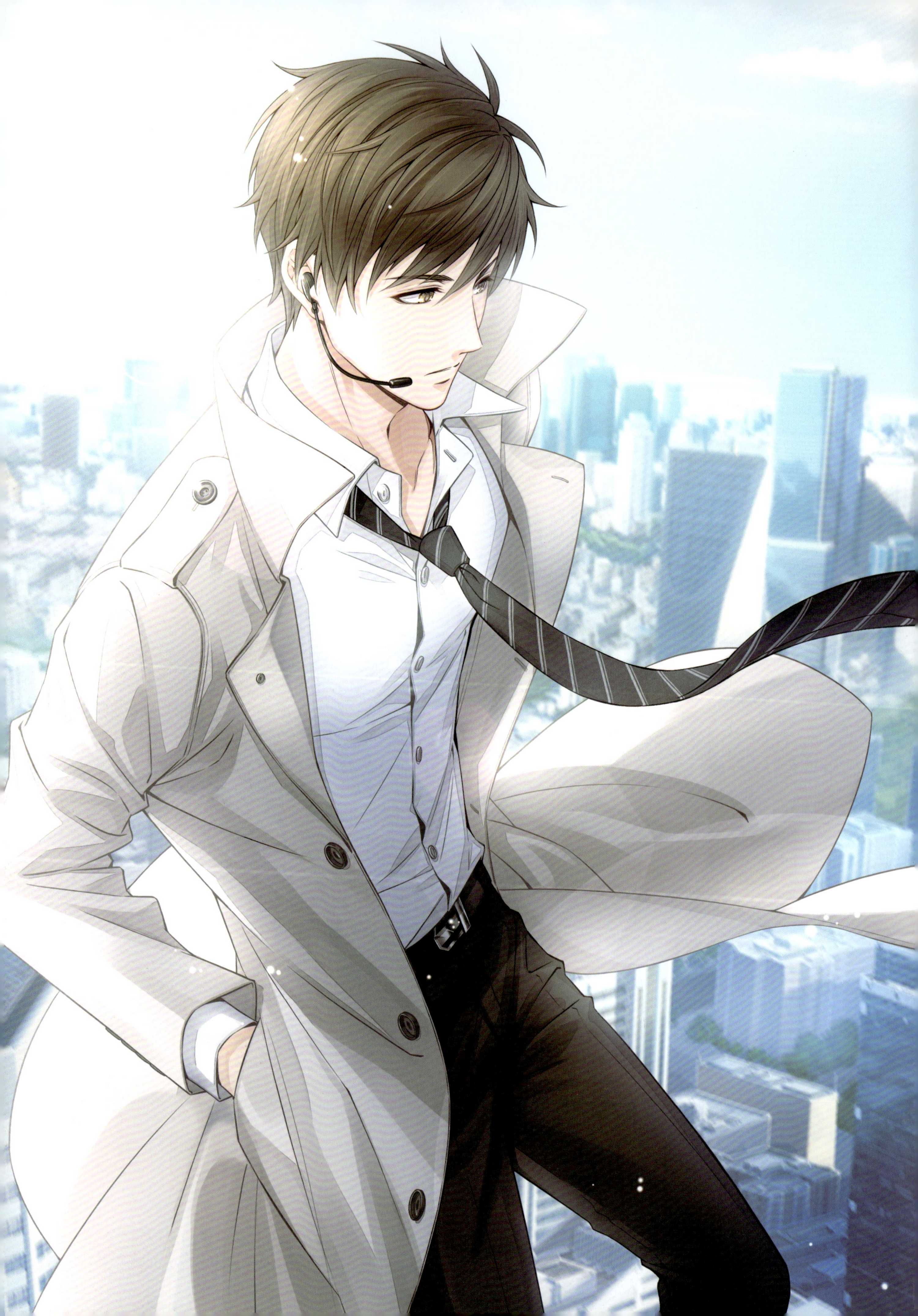

只要你在风里,
我就能找到你。

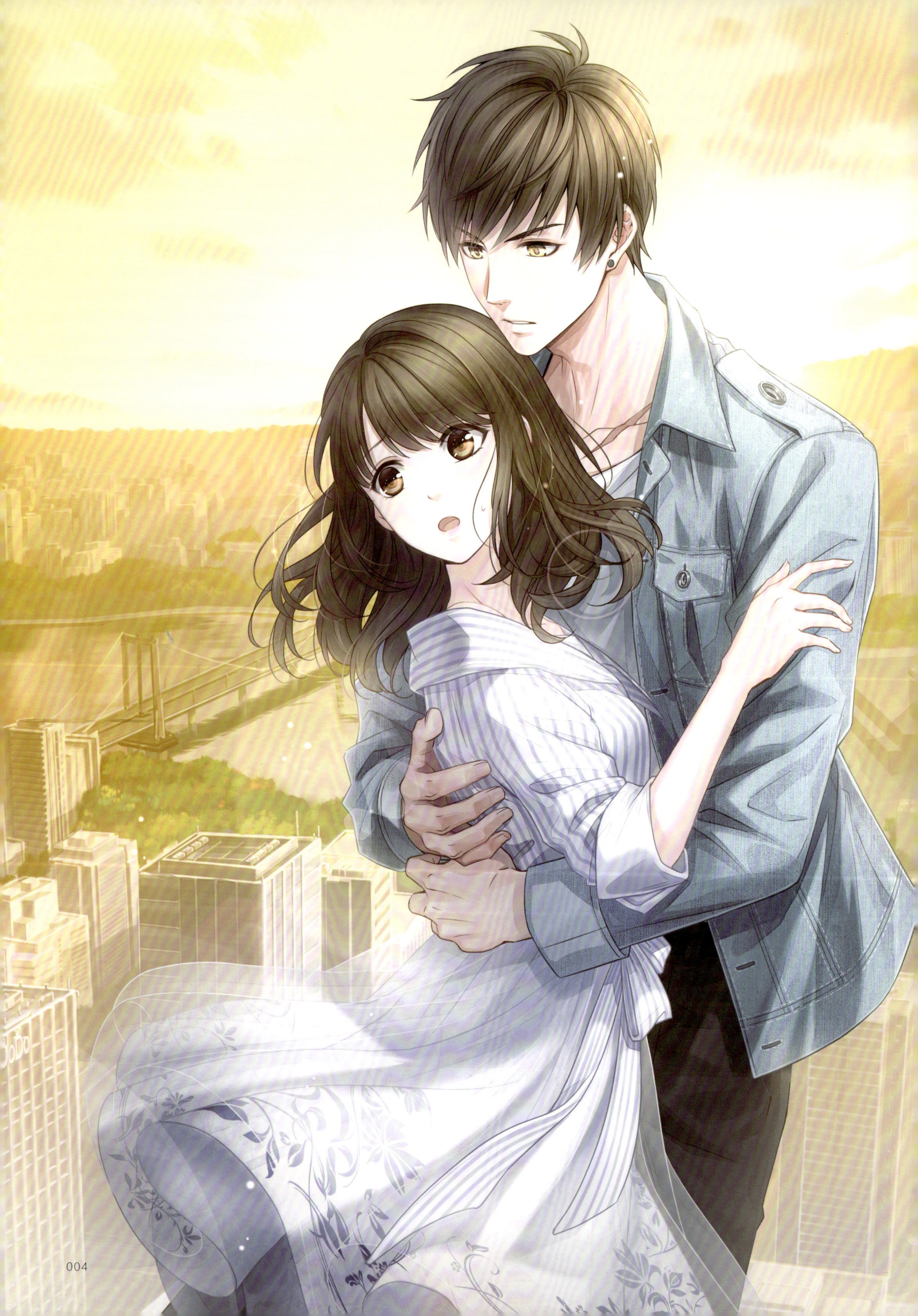

愿 你每一段
闪光的回忆中都有我。

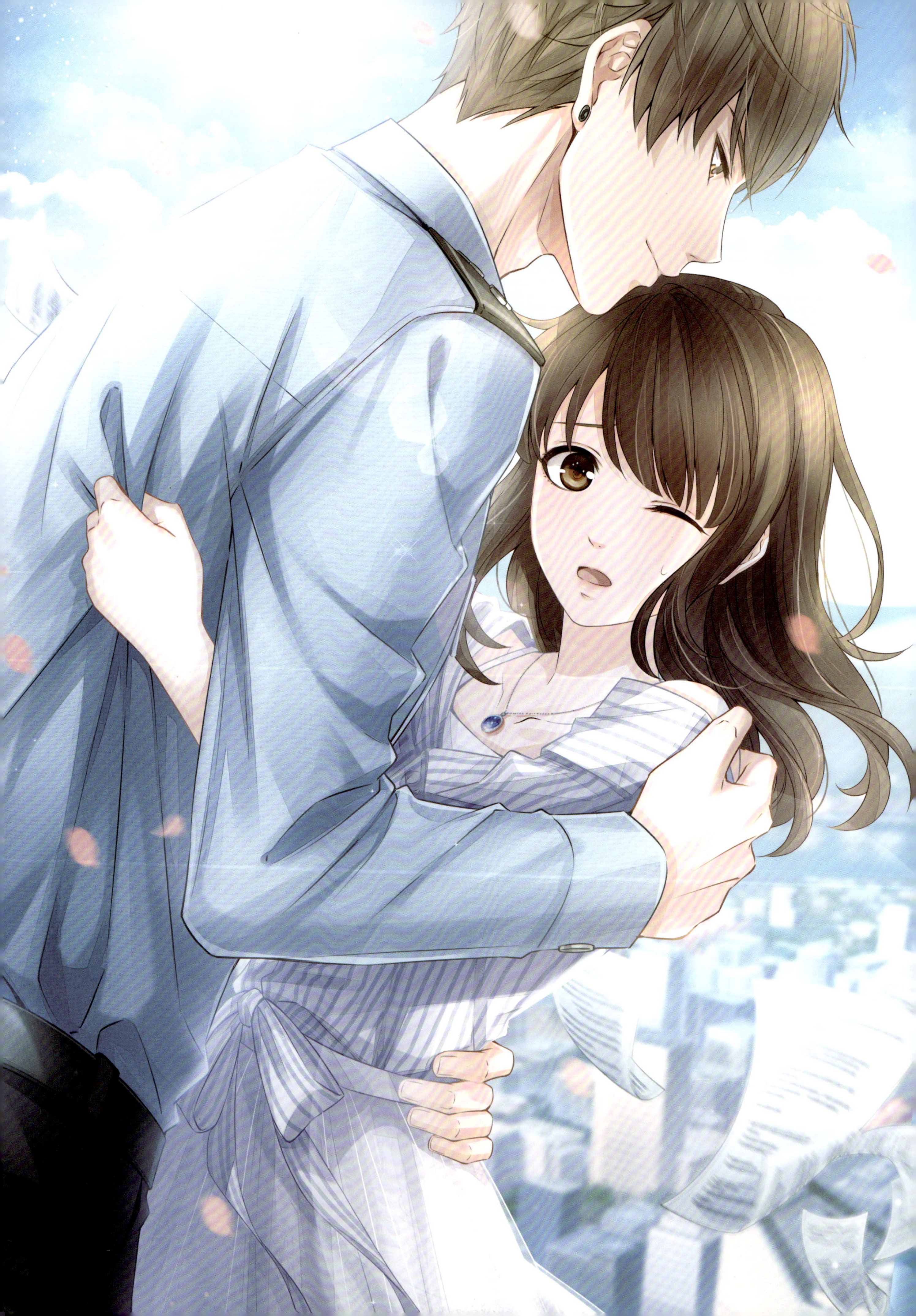

我 踏尘而来，
只为与你共舞风中。

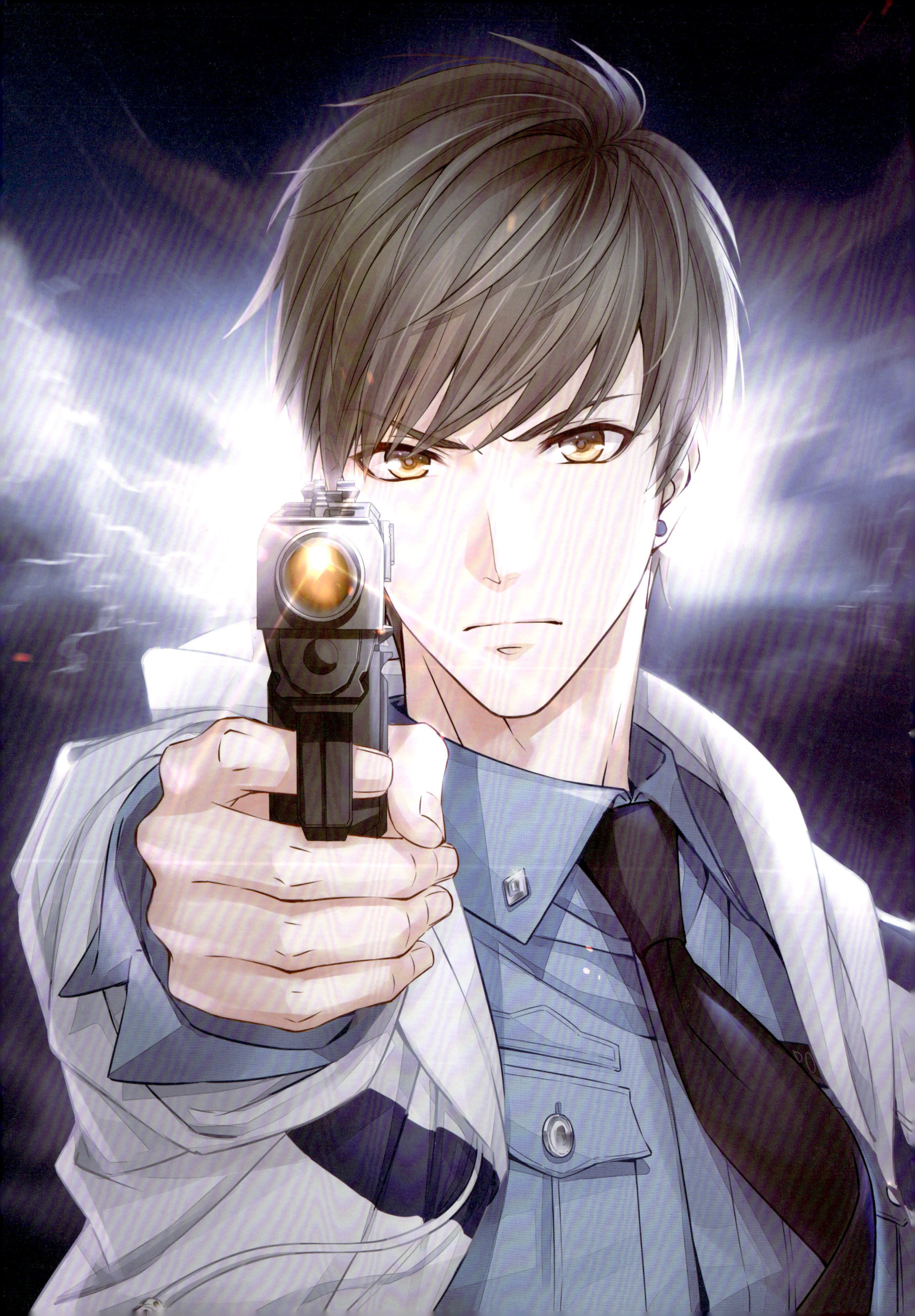

对我而言，
你比生命更重要。

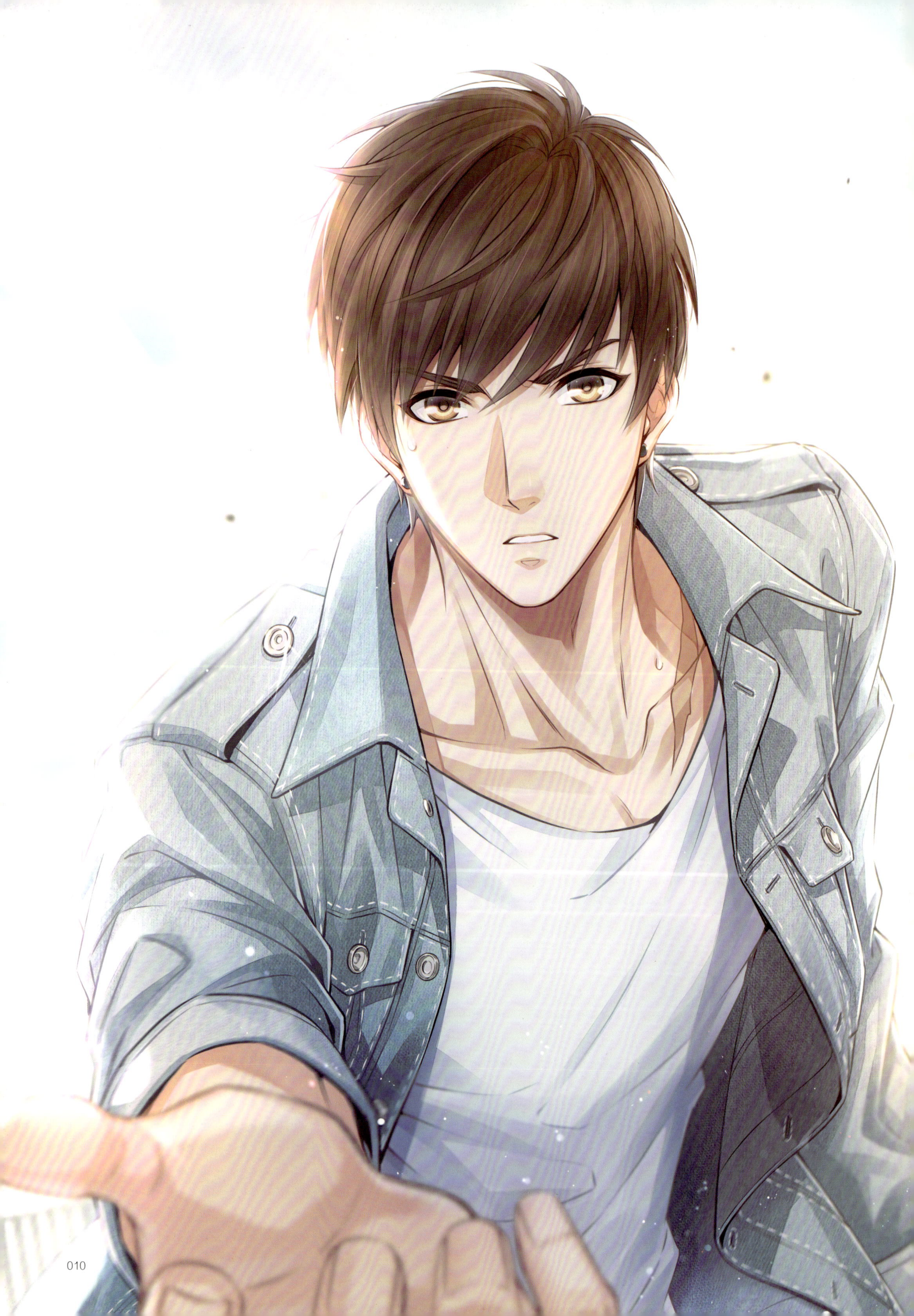

即便逆风而行,
我也只愿与你牵手。

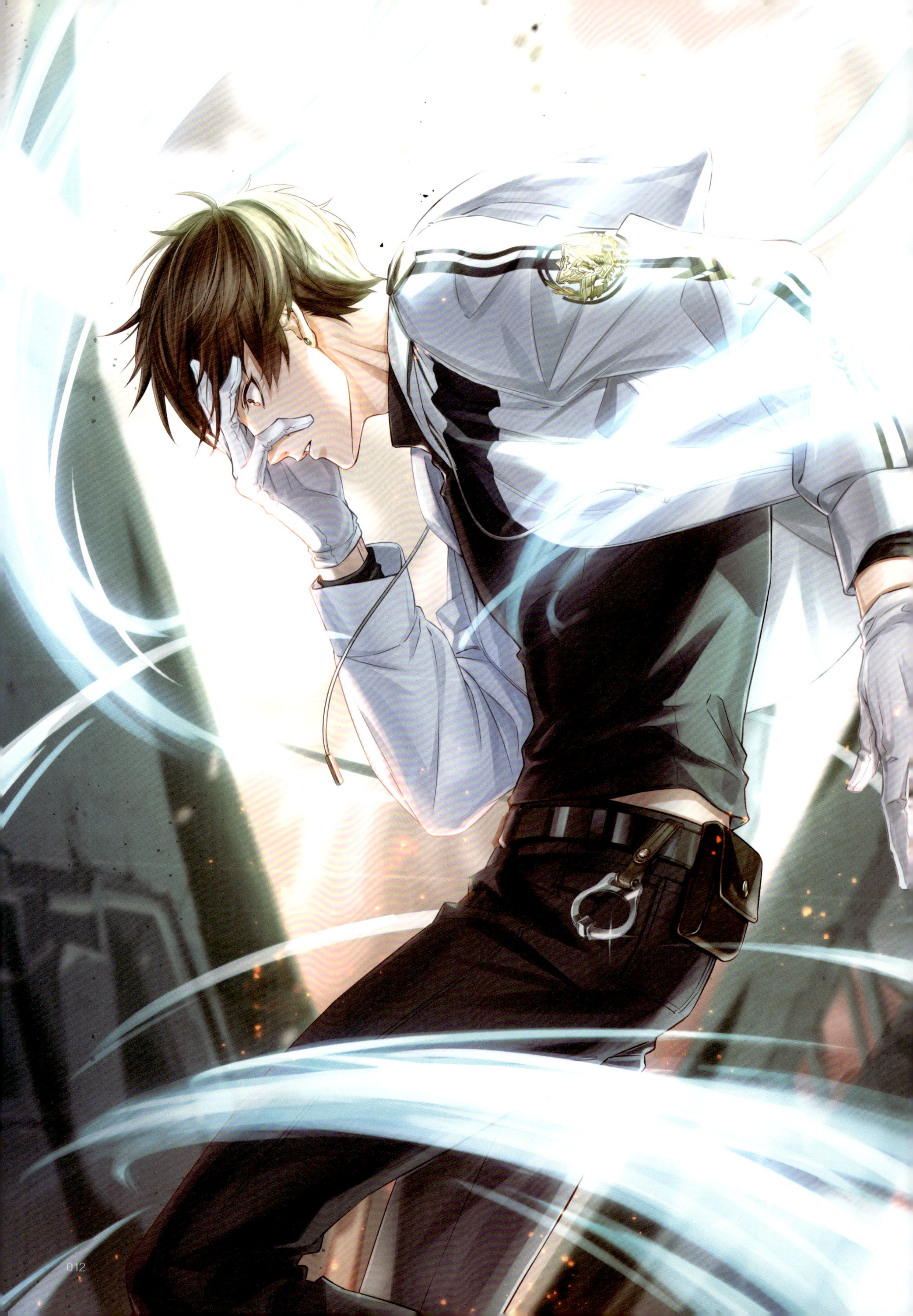

/ **我** 陪你一起，直到最后。/

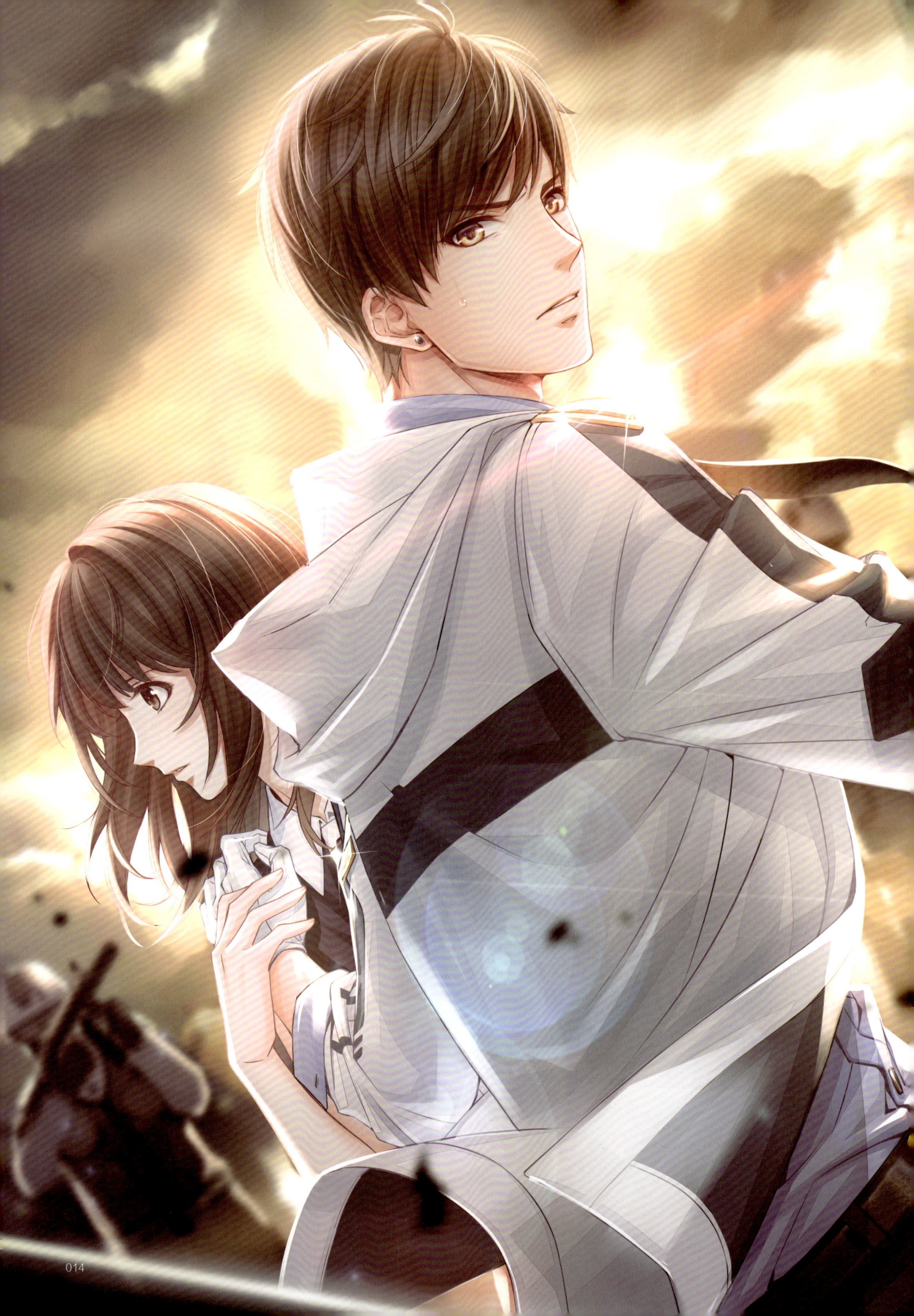

等 我回来。

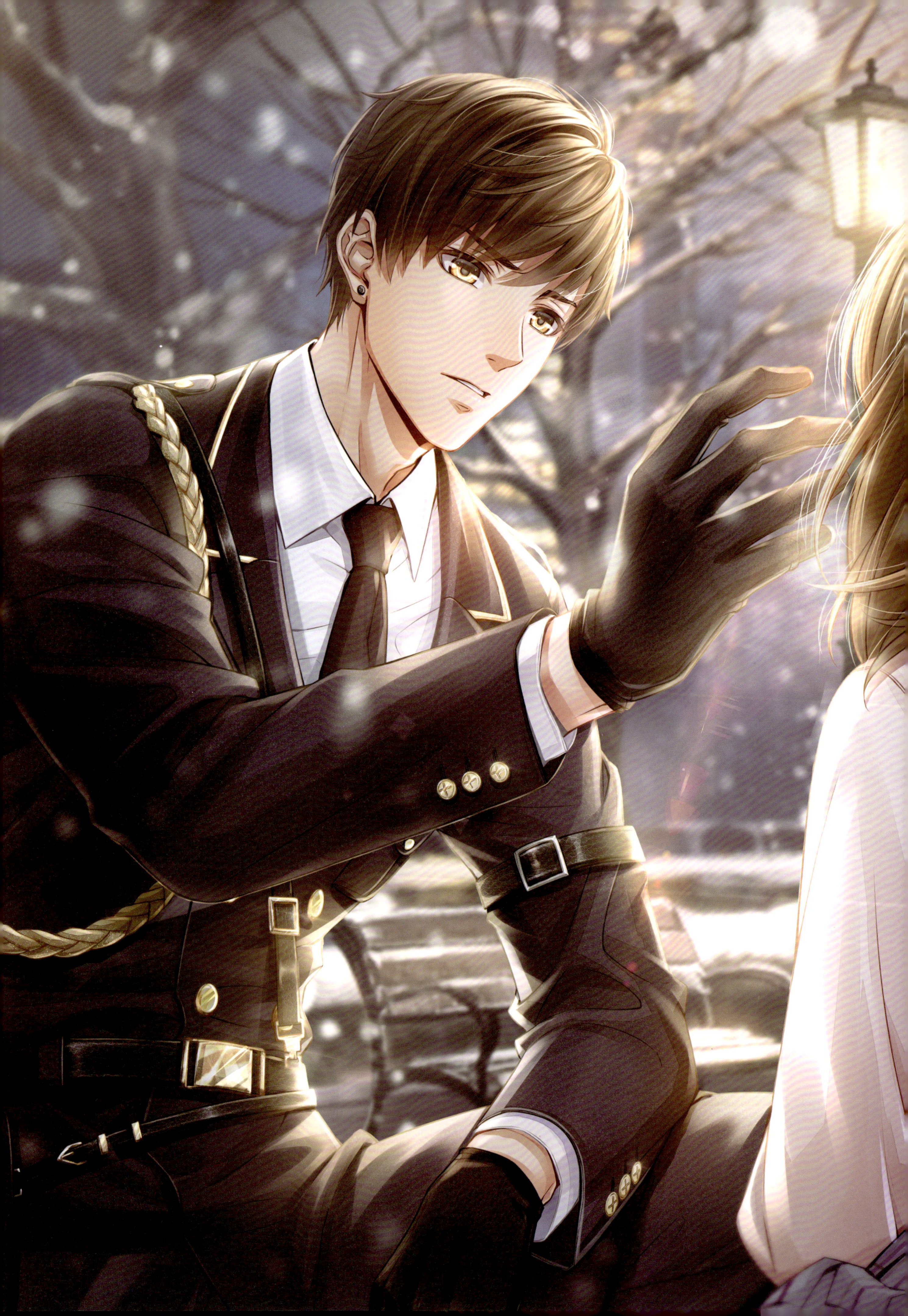

如果可以，
我想将你禁锢在我心里。

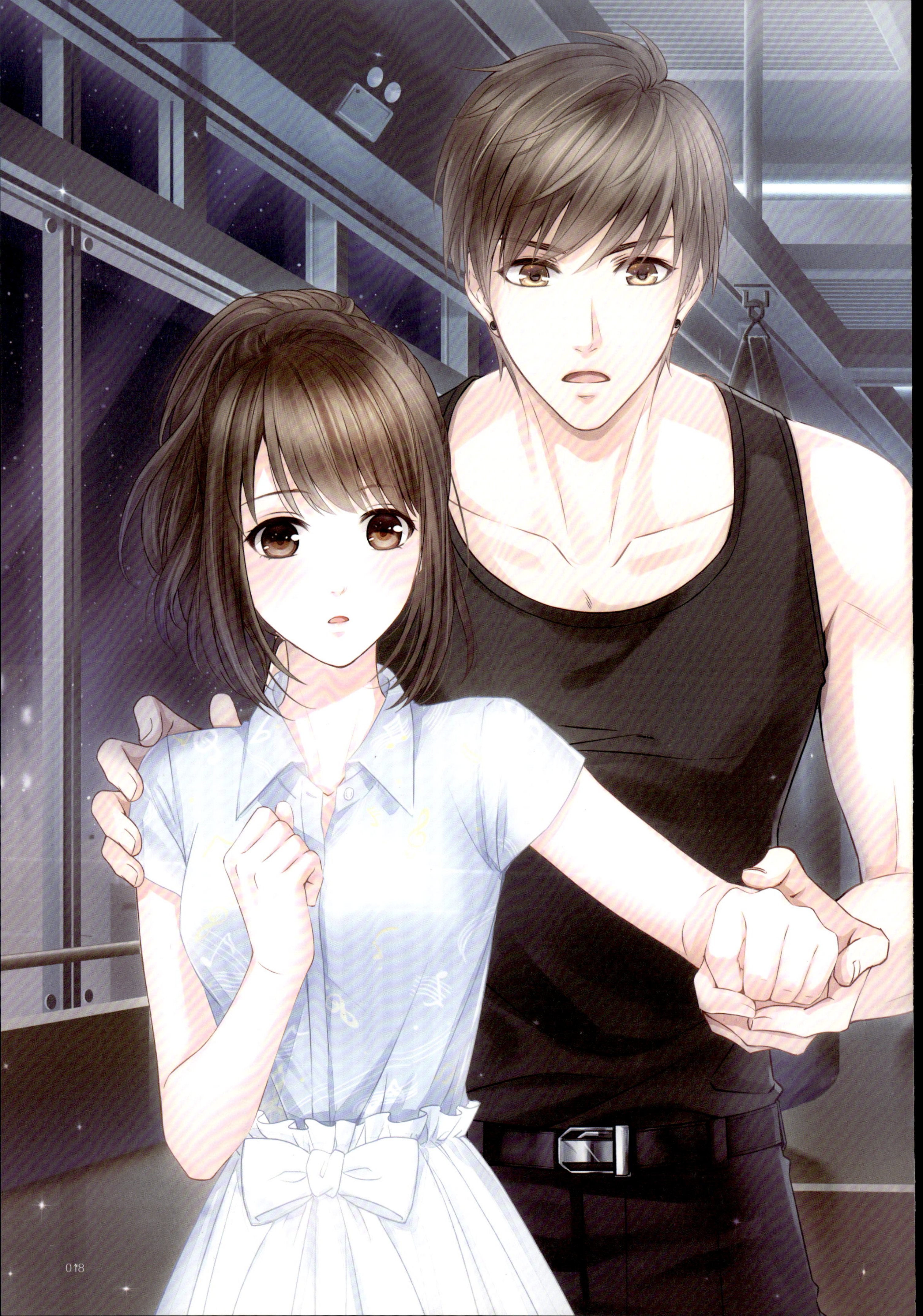

只有你放弃的那一刻,
你才会输。

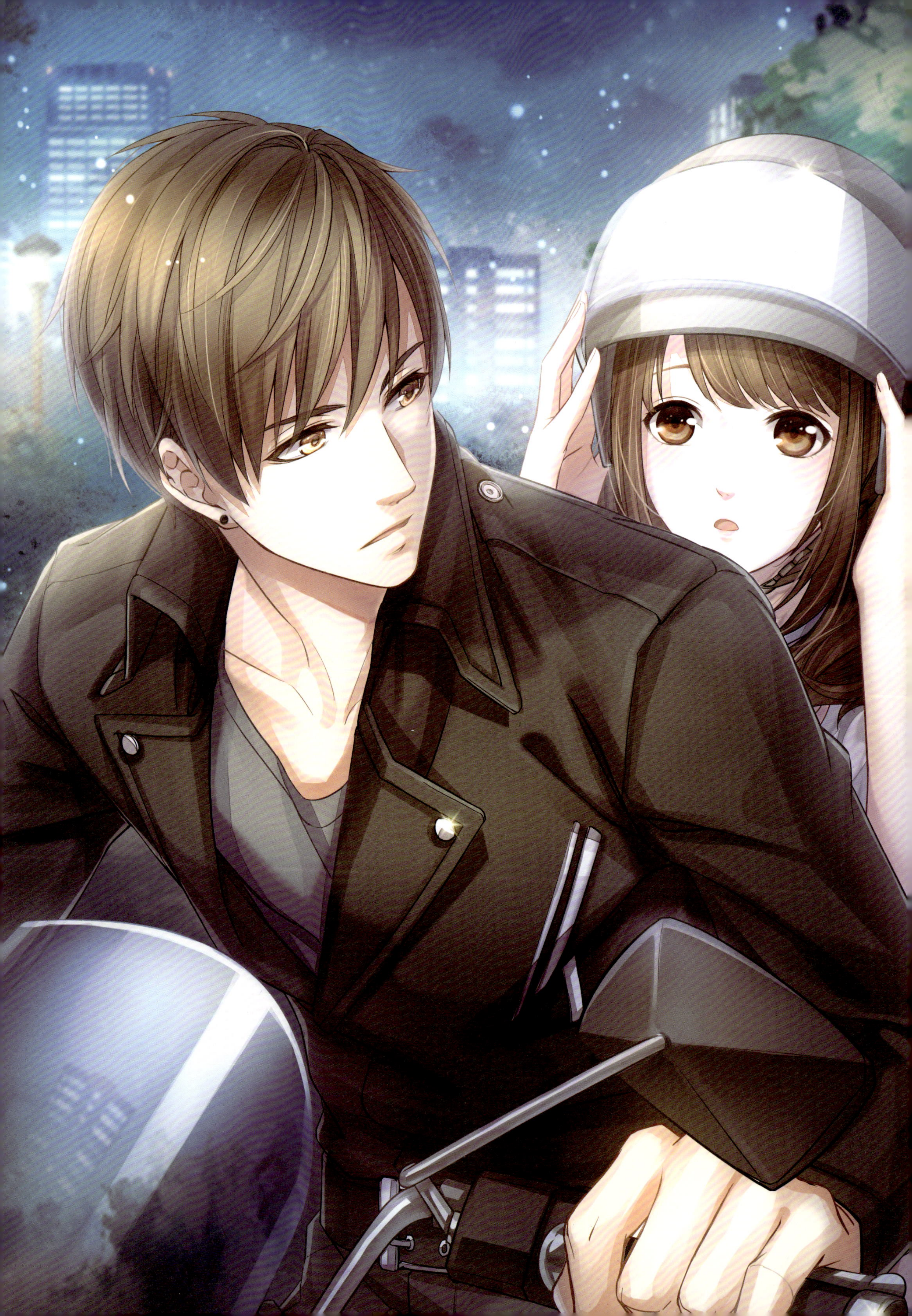

只要你在我身后,我就永远不会倒下。

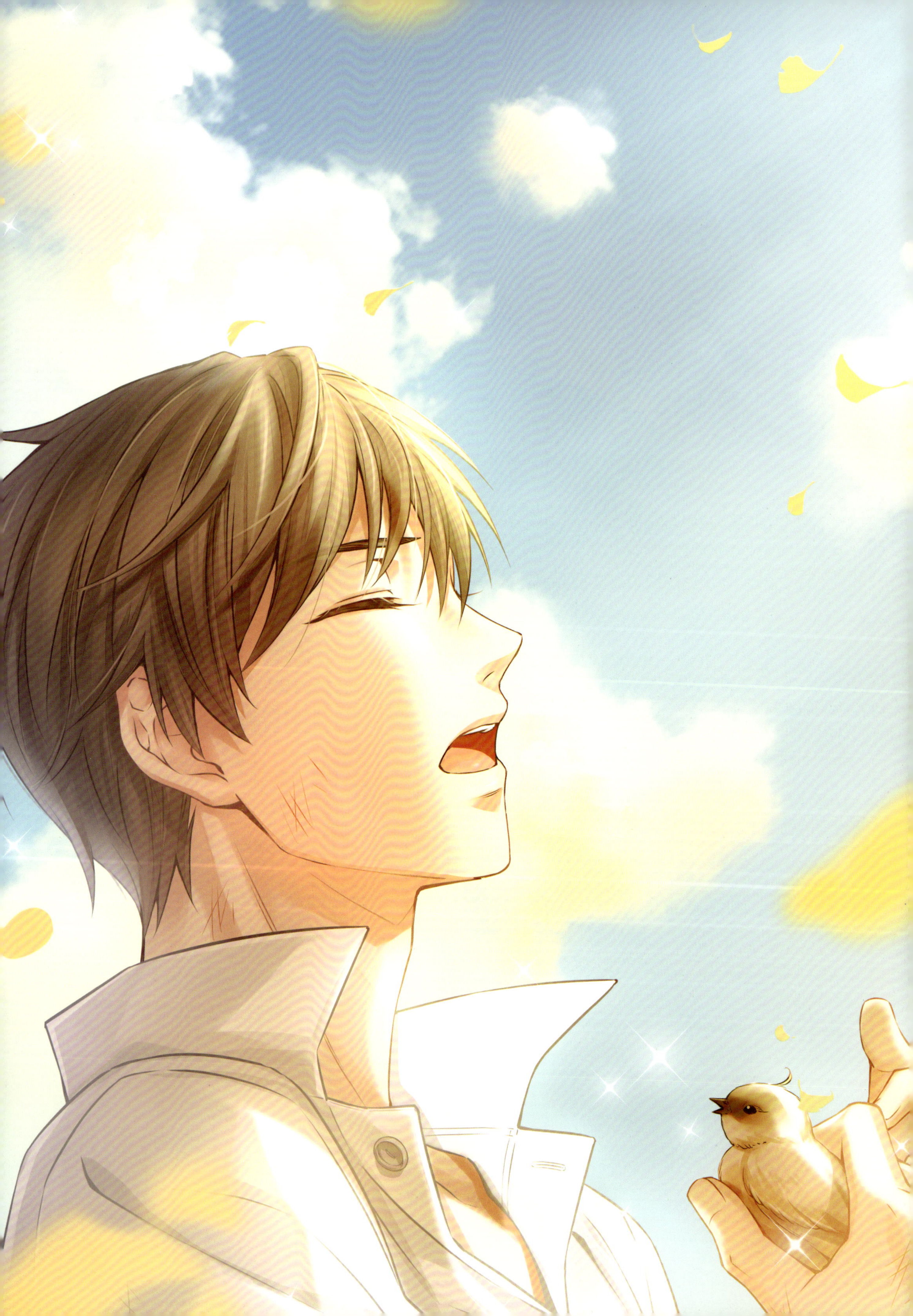

不曾离场的誓言，
在初见时已深深刻下。

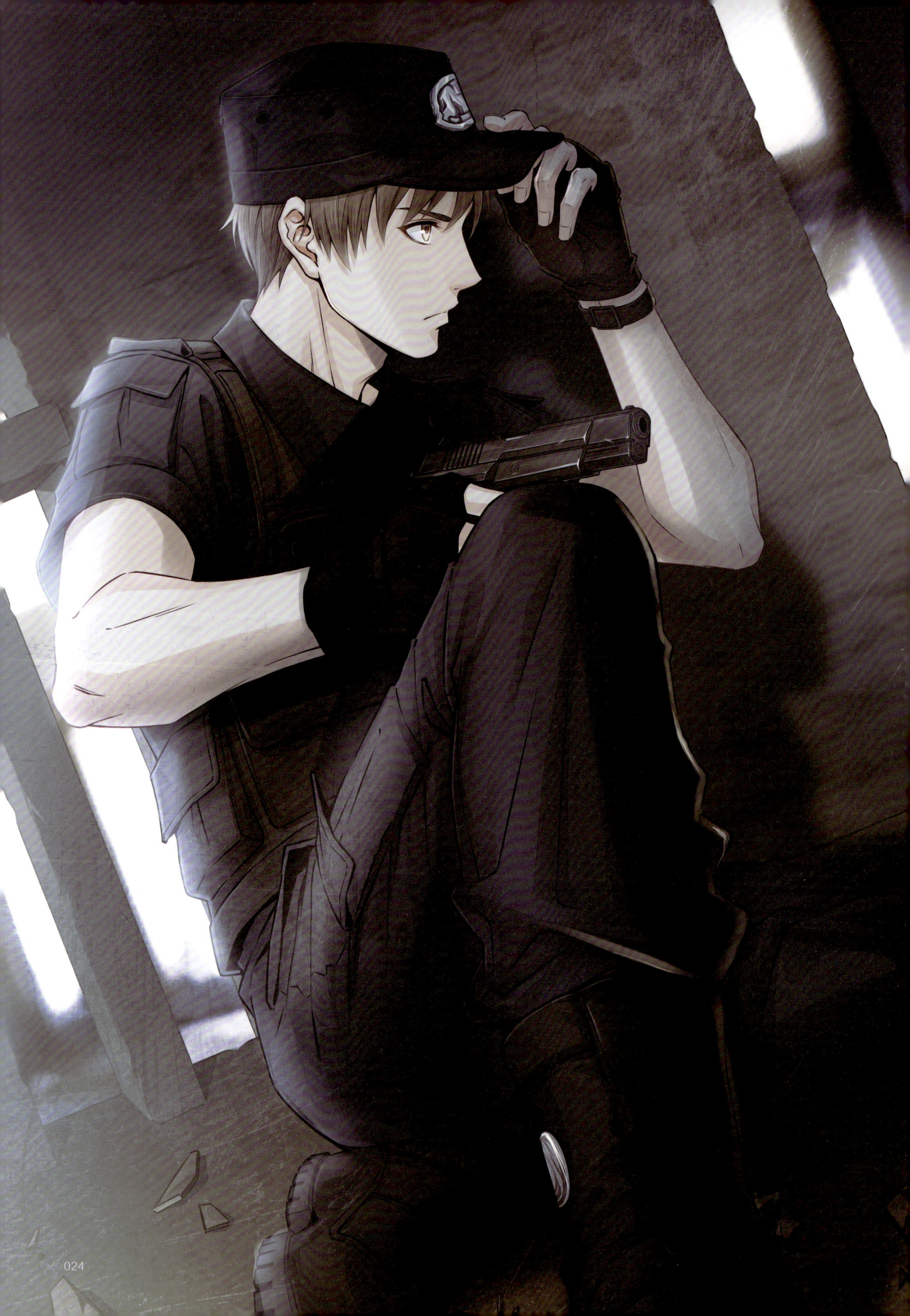

想见你的心，可以带我跨越生死。

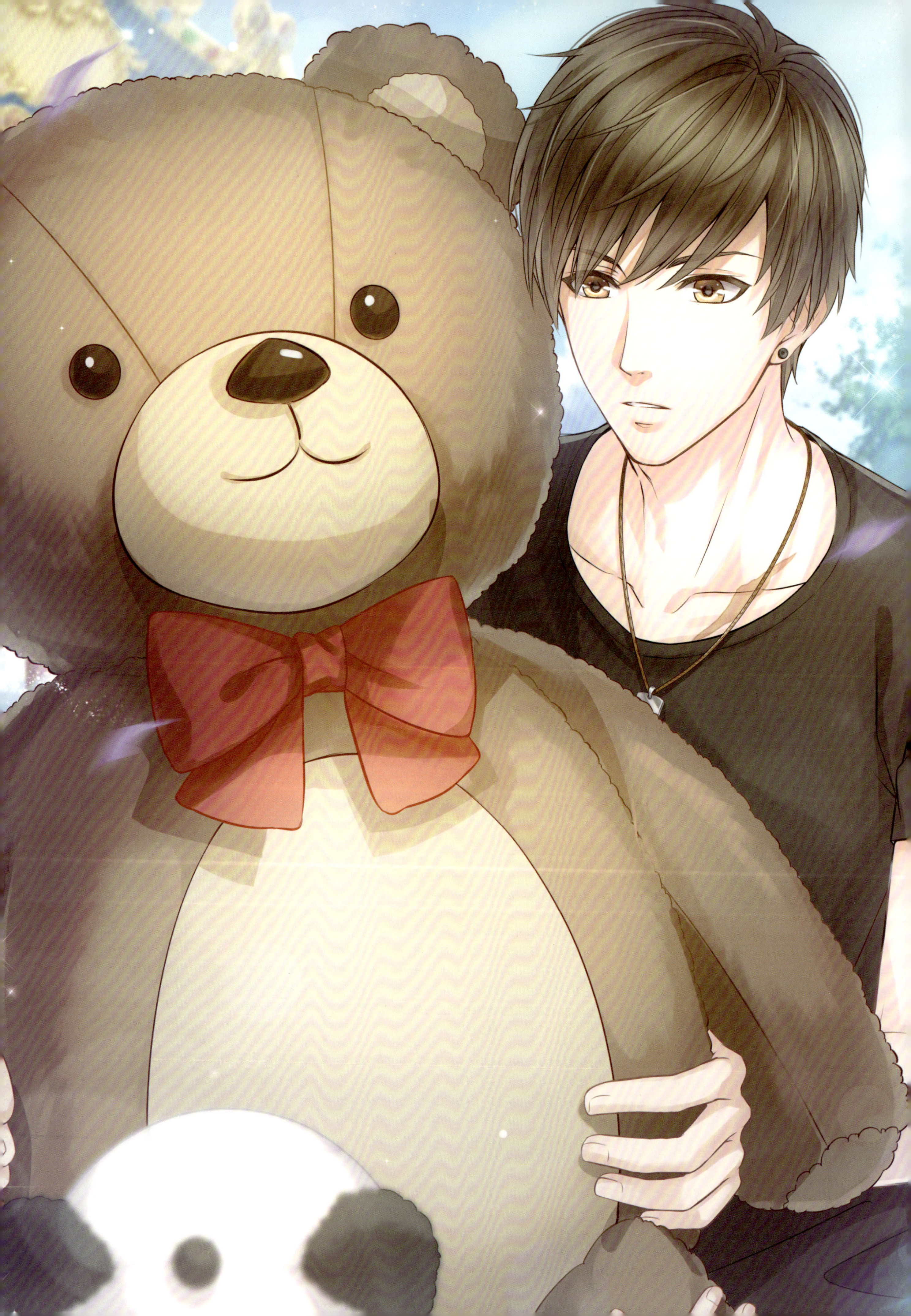

想 要带给你安全感
和未泯的童心。

员工专用
staff only

「璀璨还是黑暗，每个你需要的时刻我都在。」

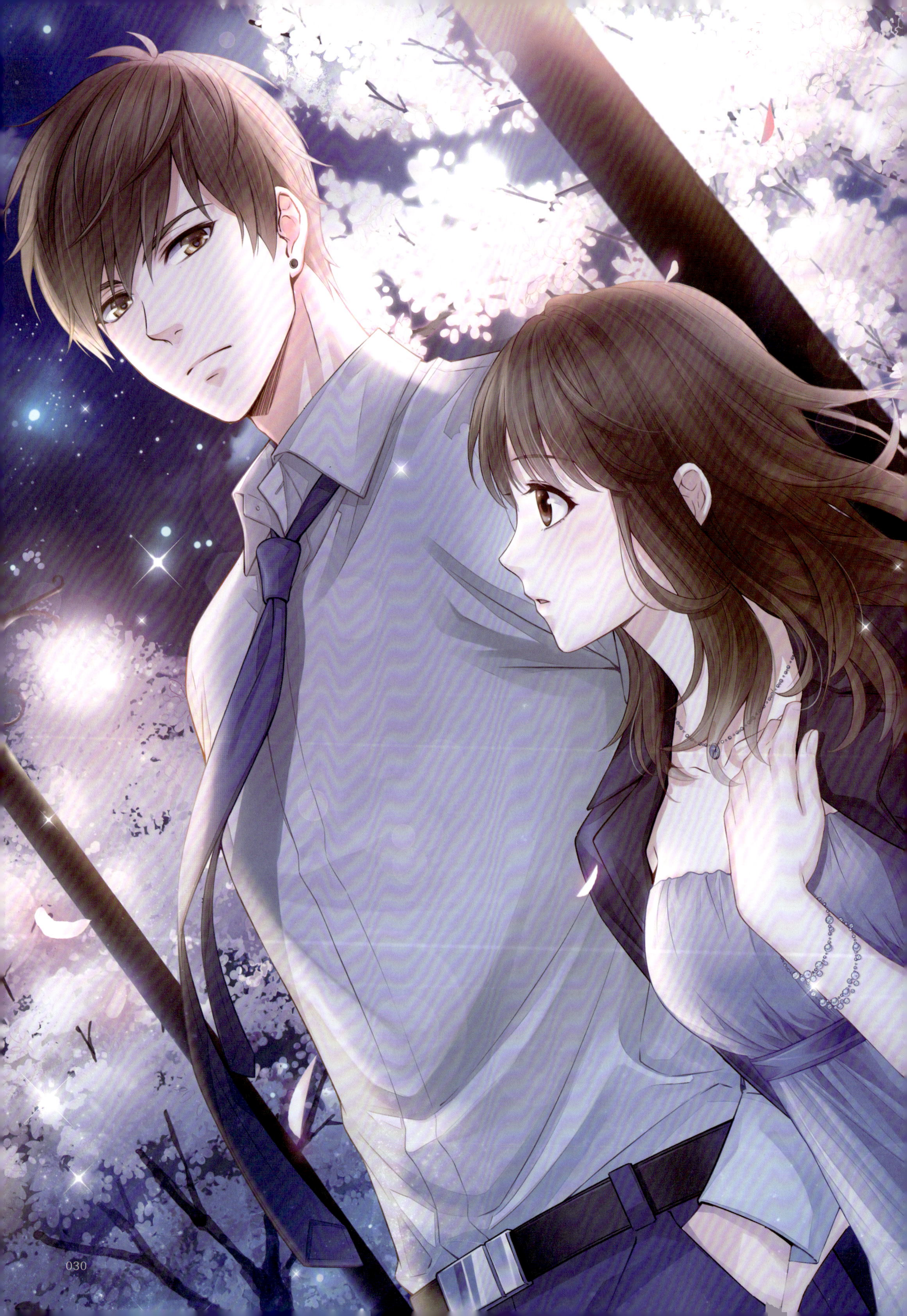

枪 林弹雨的世界，
我能从你眼中寻找安定。

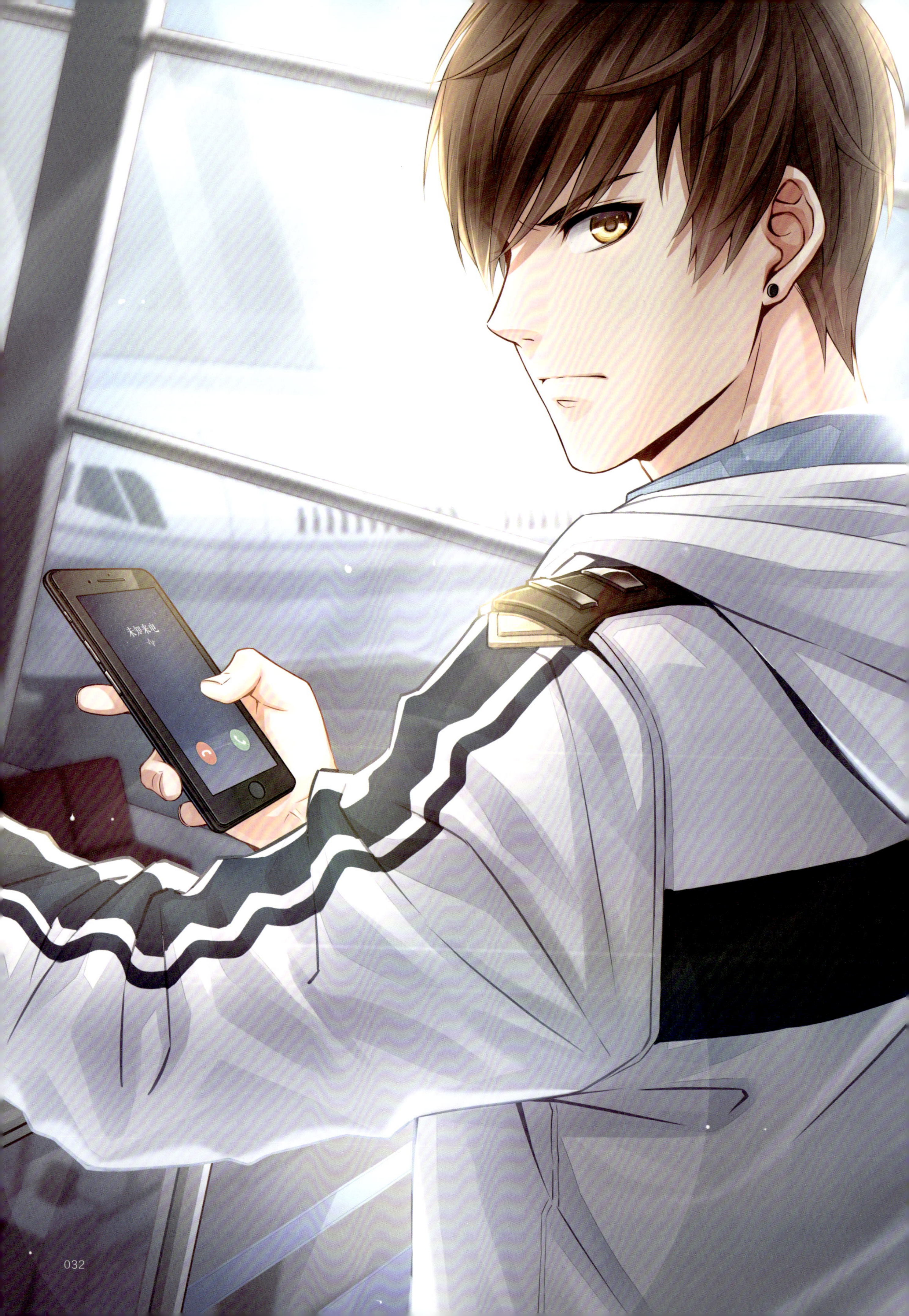
未知来电

有我在,
你有什么需要
防备的?

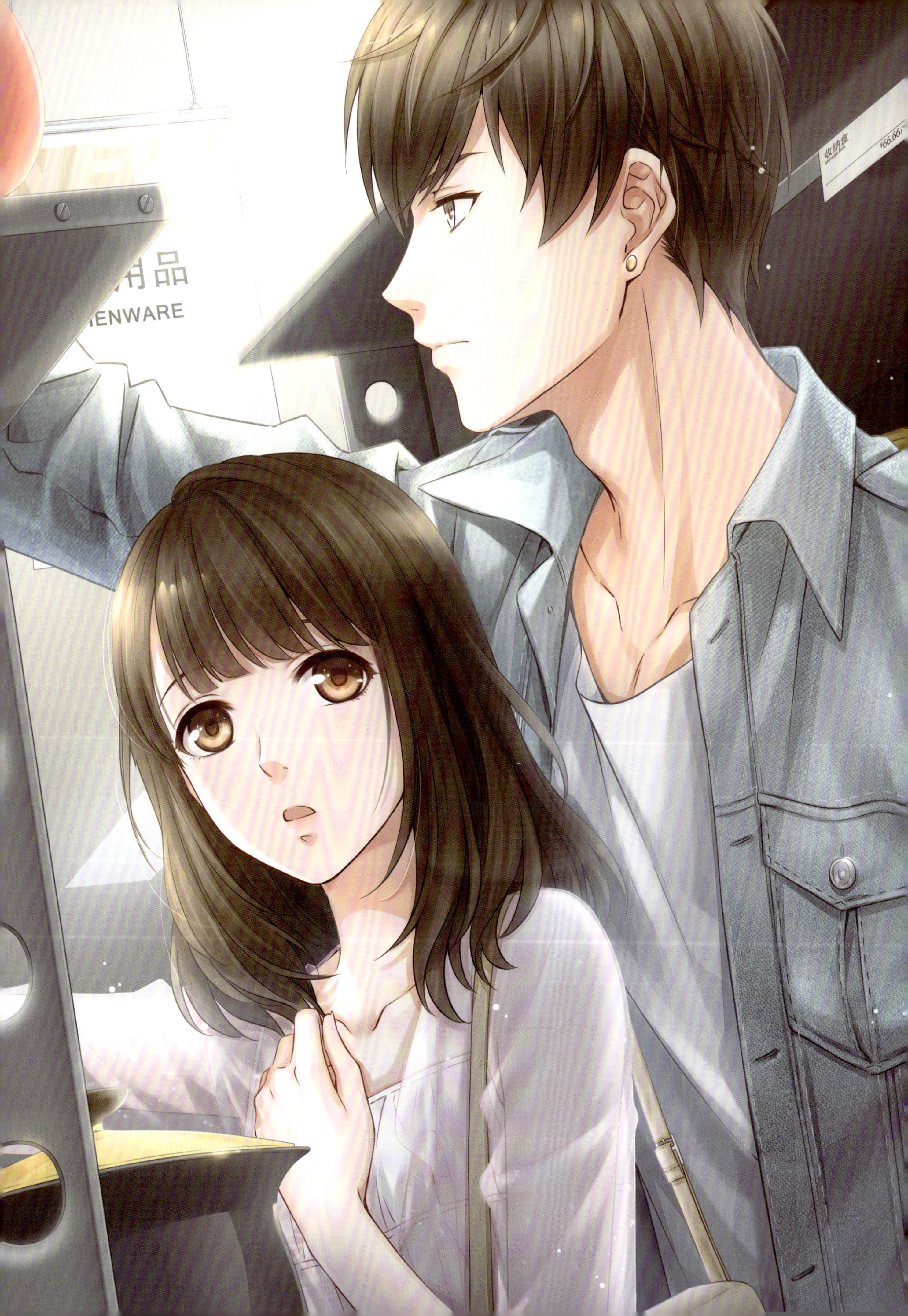

很 想就这样……
和你在一起。

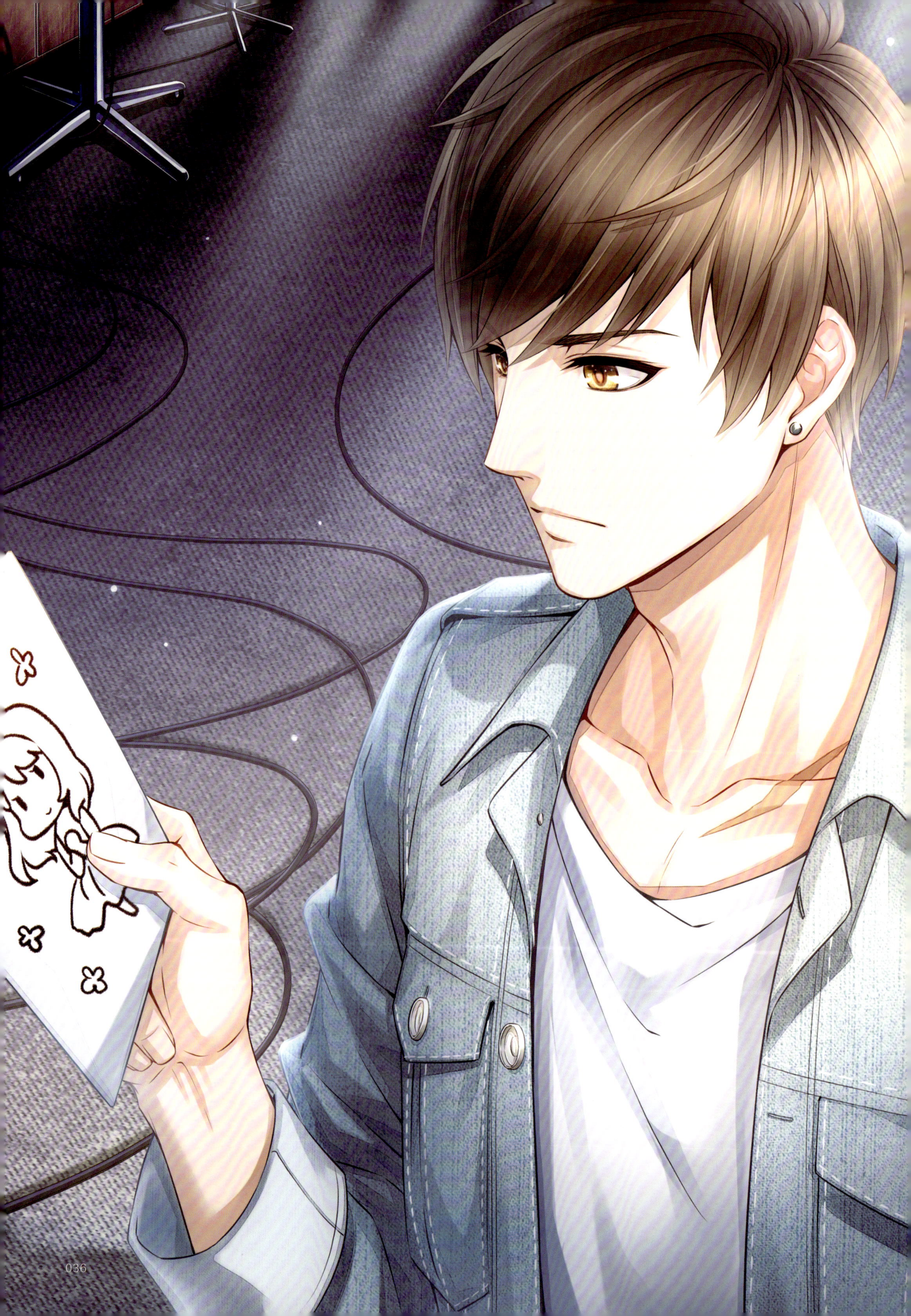

以后无论发生什么，第一时间告诉我。

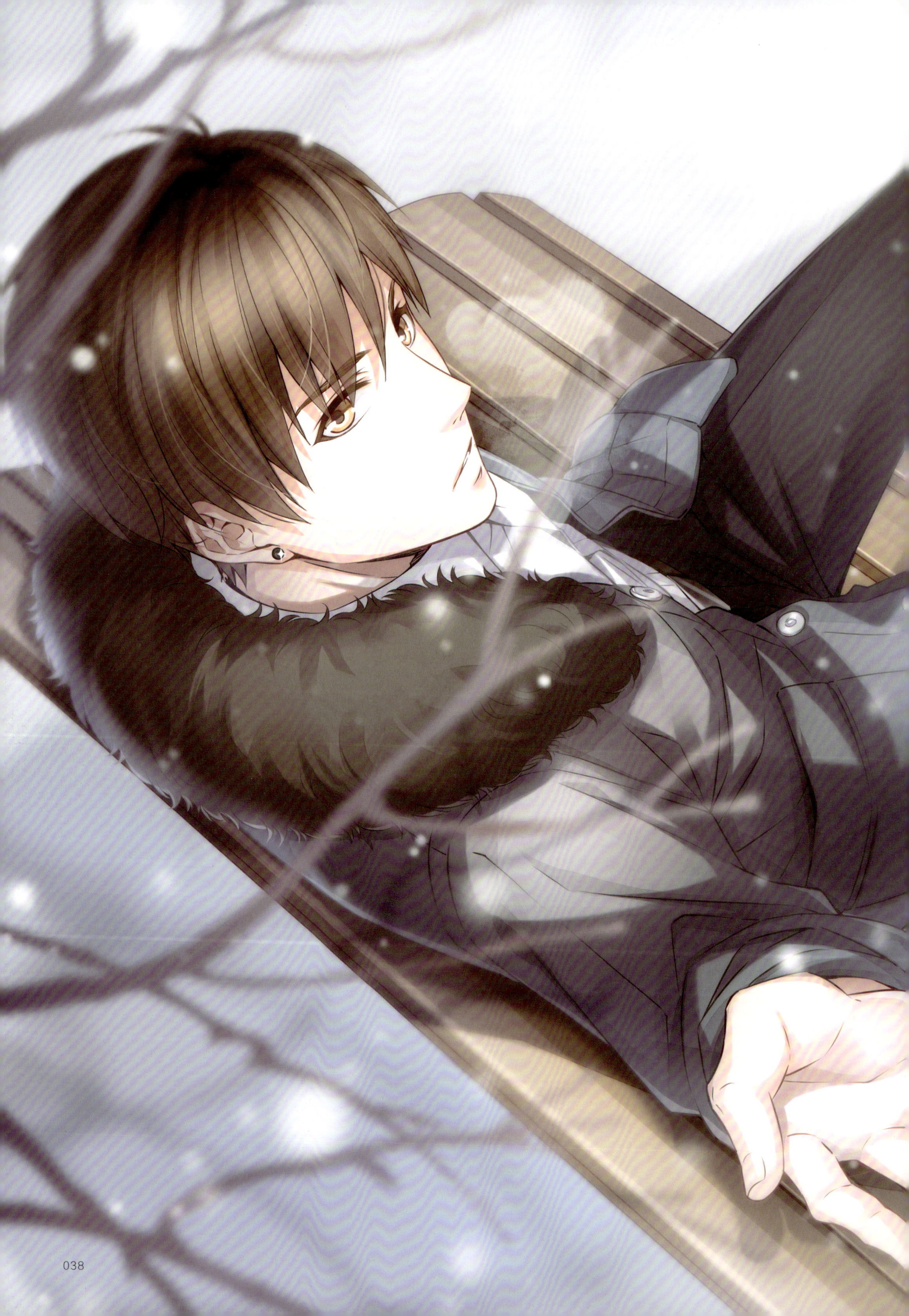

从这一刻开始,
我们所拥有的,
都是以后。

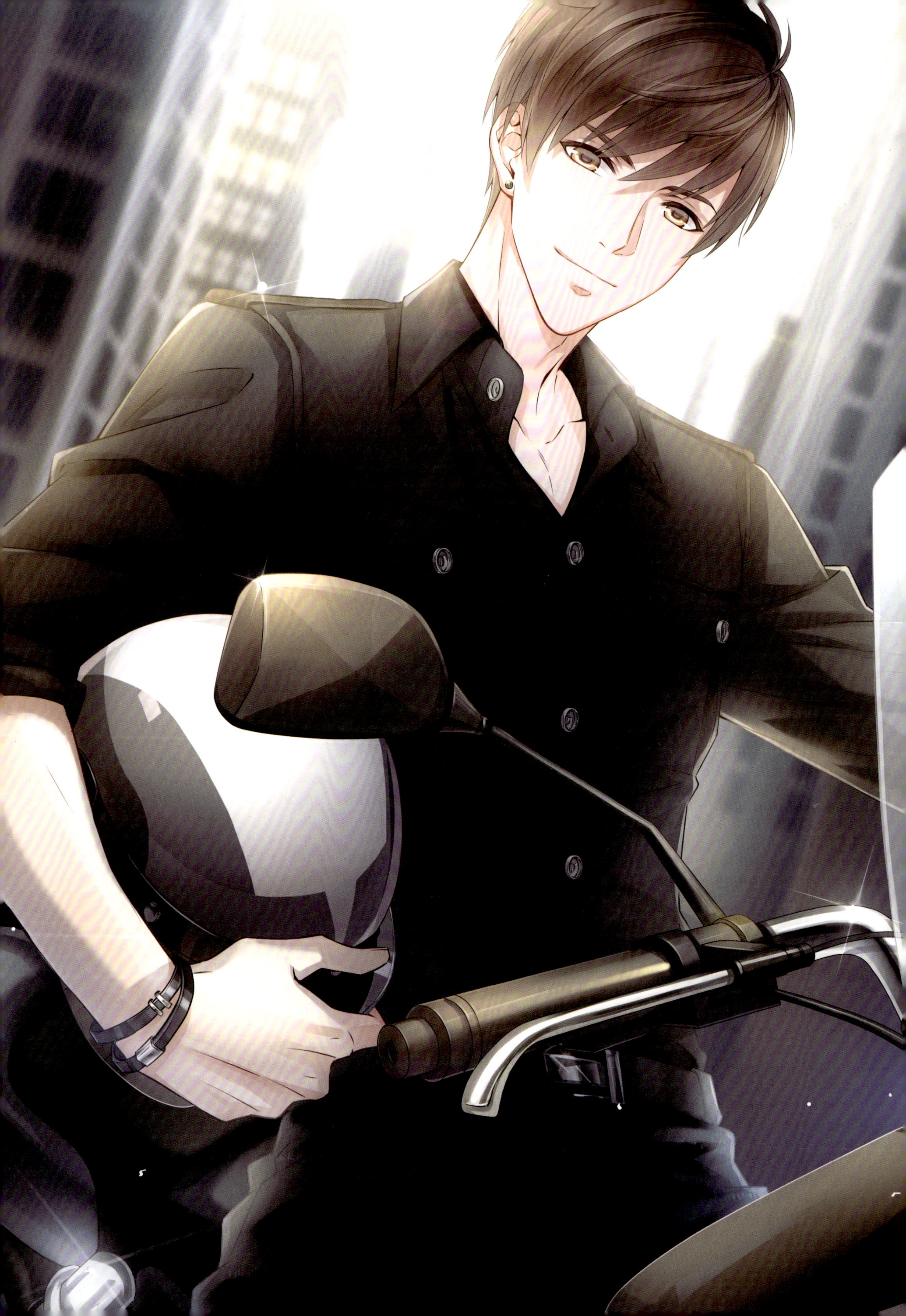

不许看别人，
你只能看我。

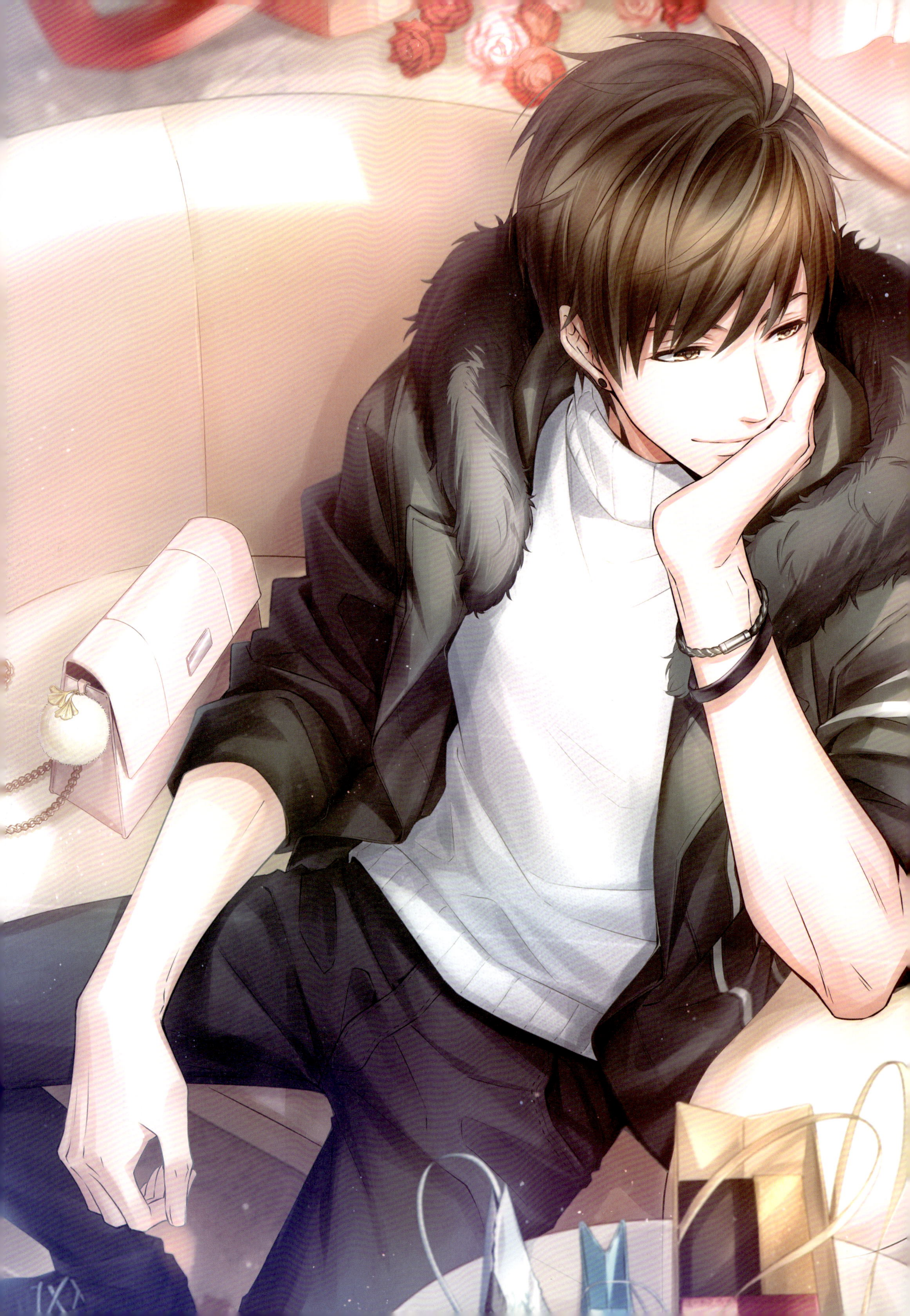

我们以后的每一天都会和今天一样。

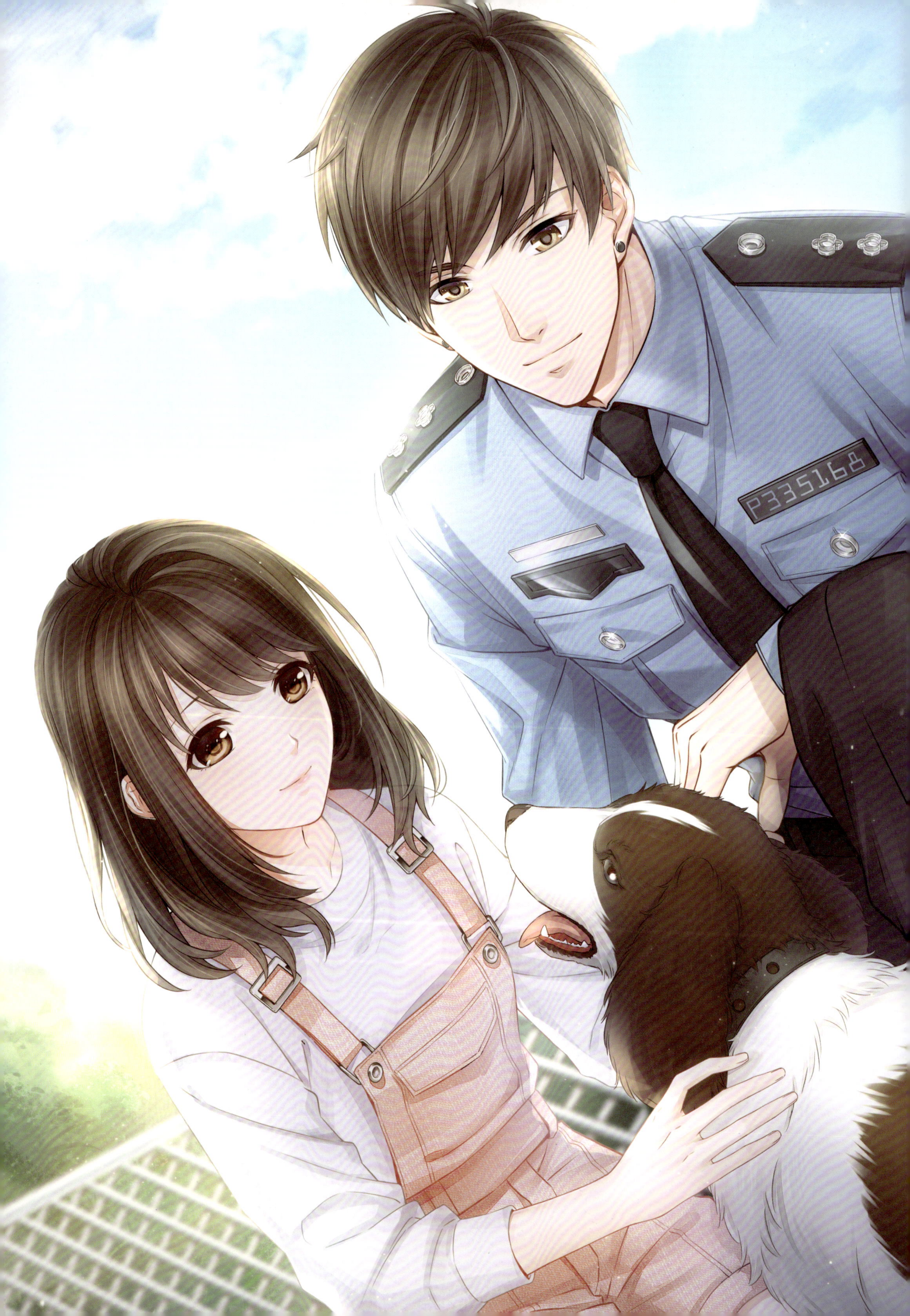
P335168

你 开得最准的，
是正中我心口的那枪。

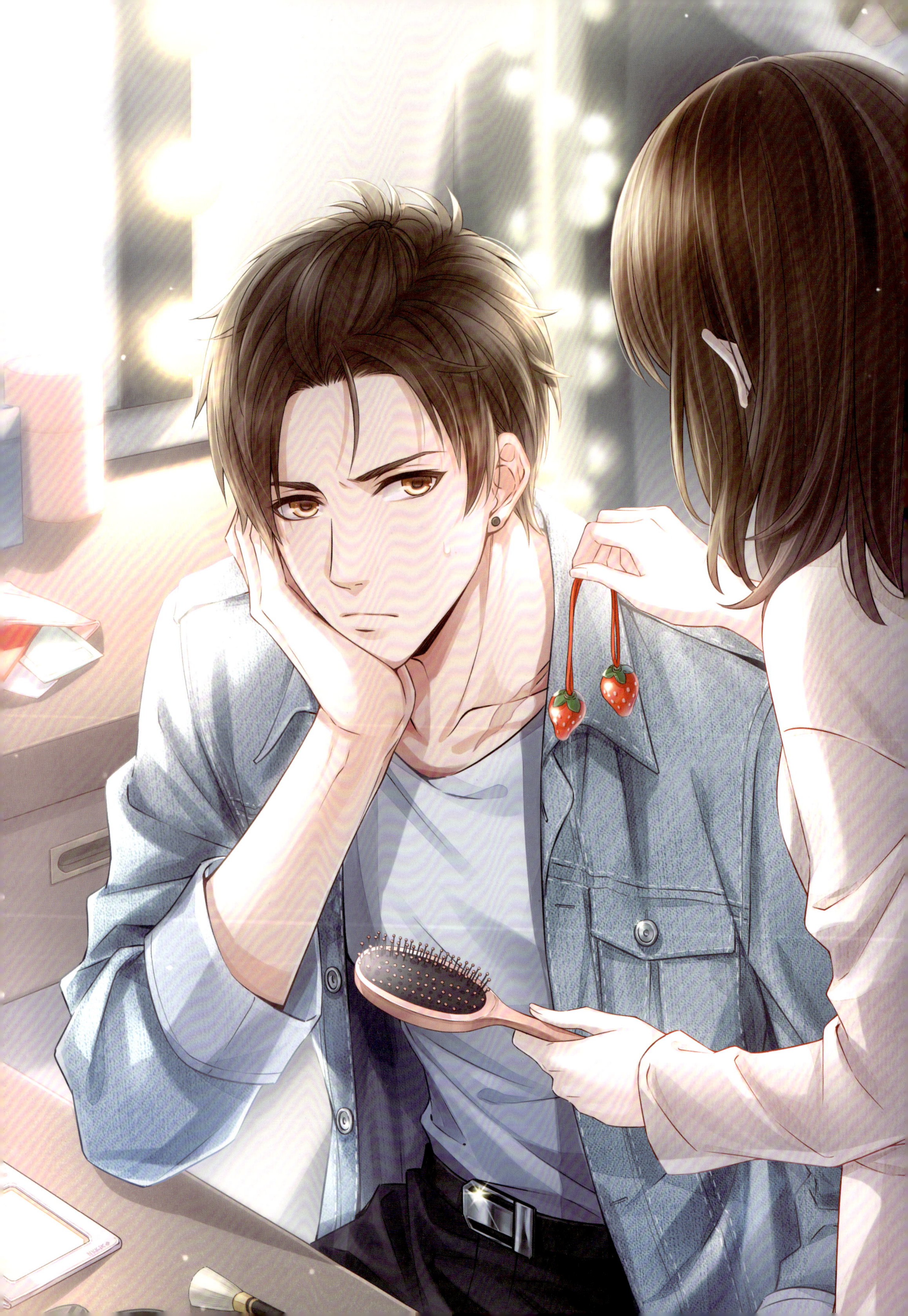

为了你，
试试也没什么不可以。

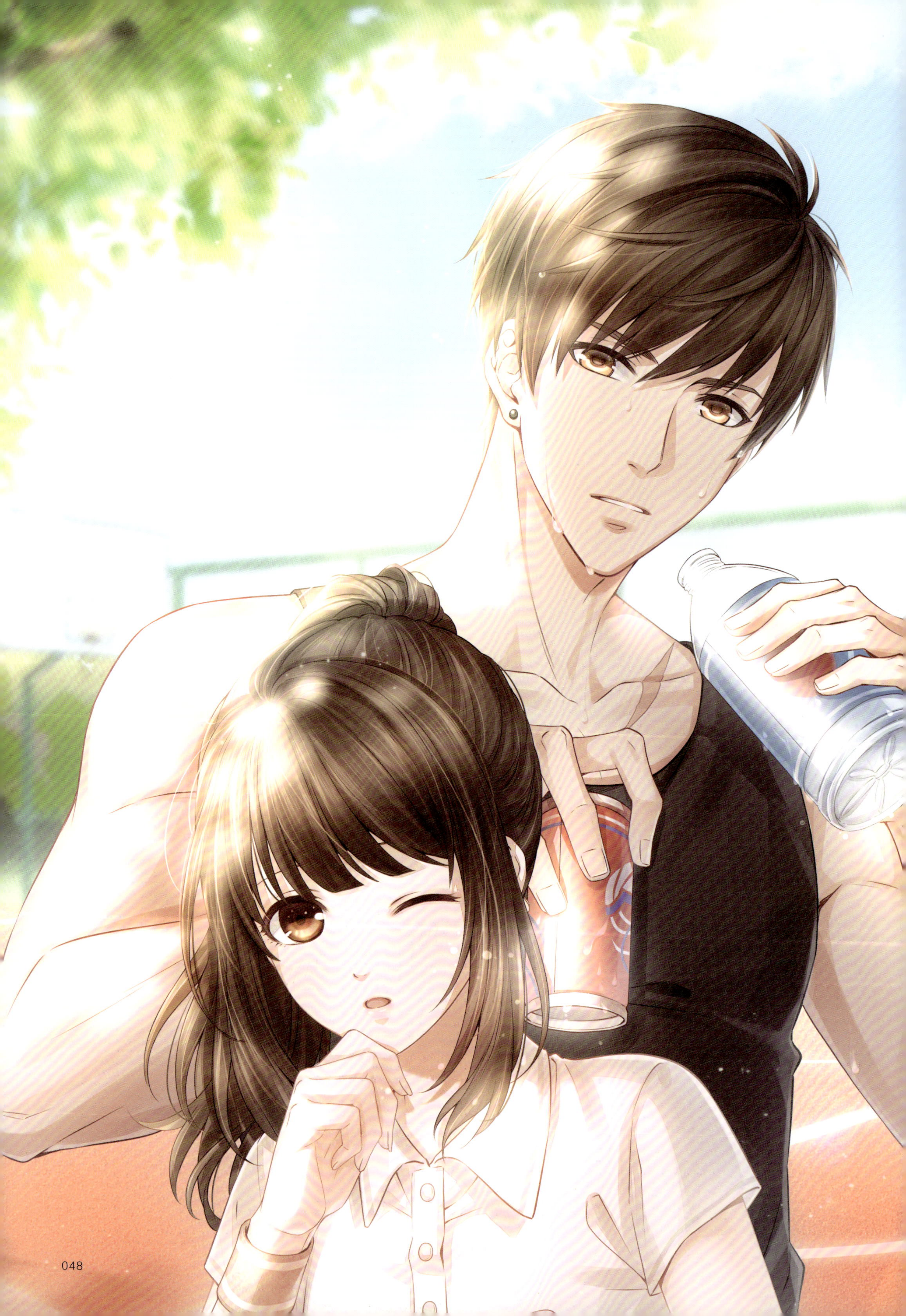

关 于你的一切，
我全都记得。

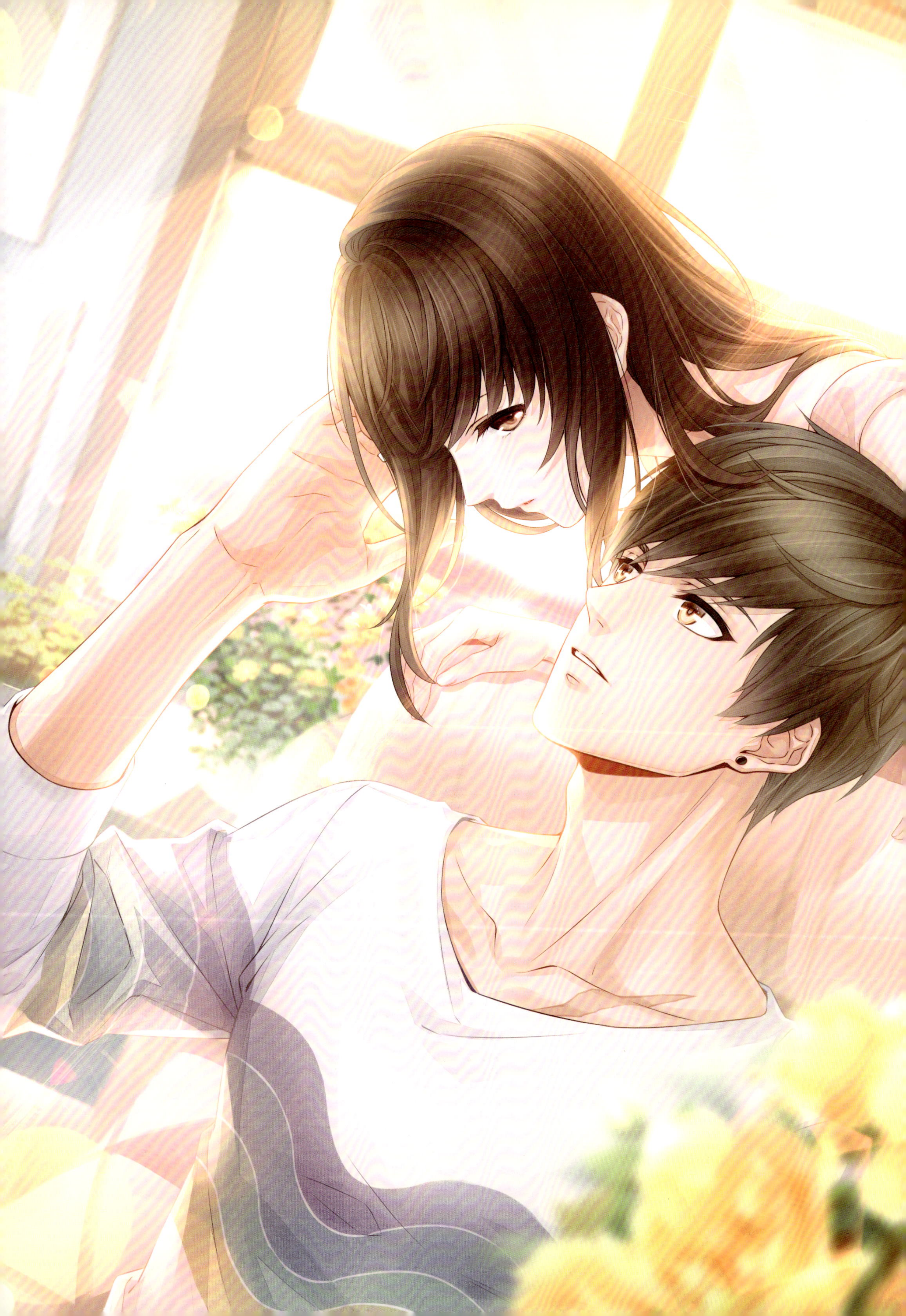

／能 实现我愿望的人，
　　只有你。／

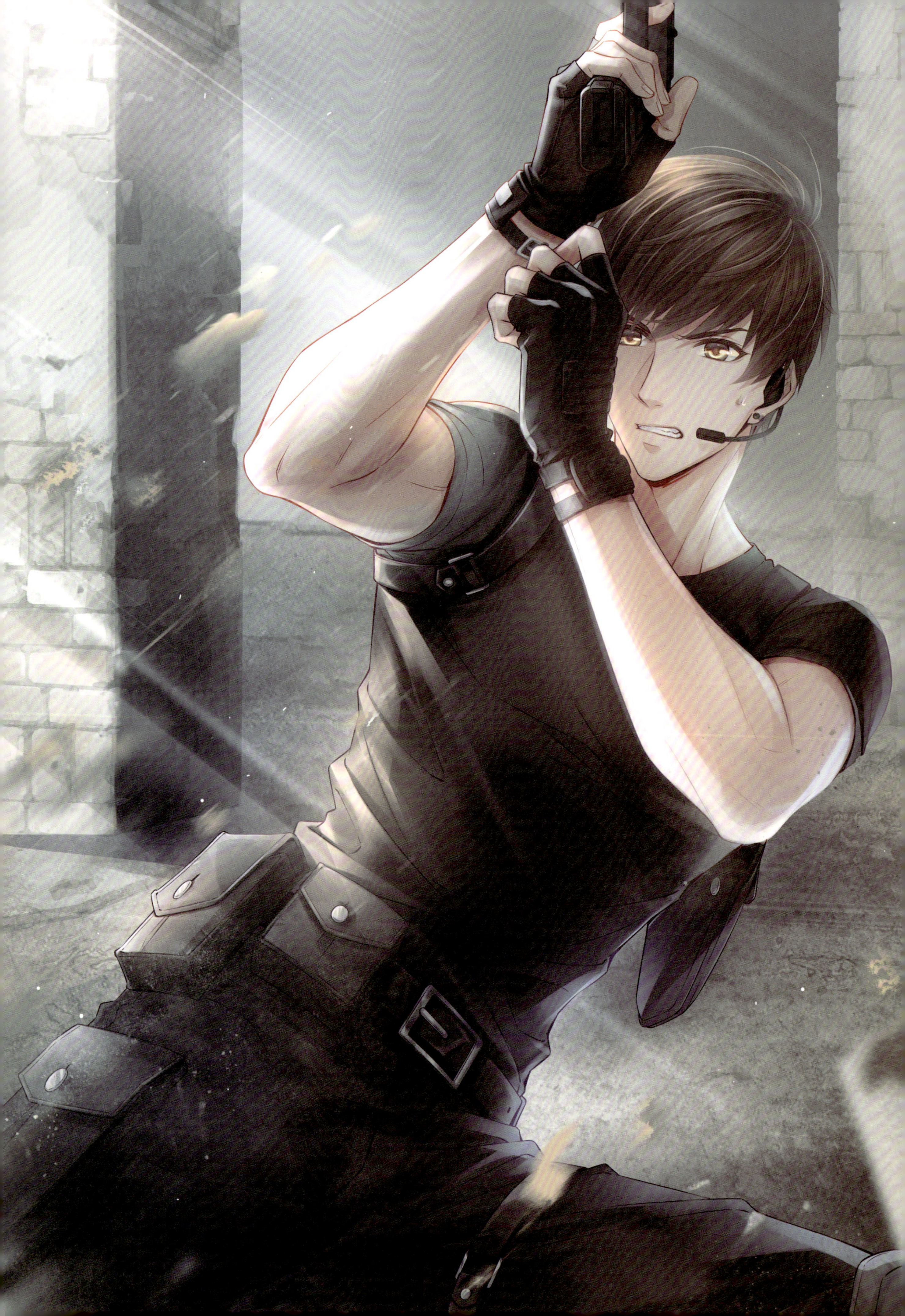

有 你守护的战场，
无往而不利。

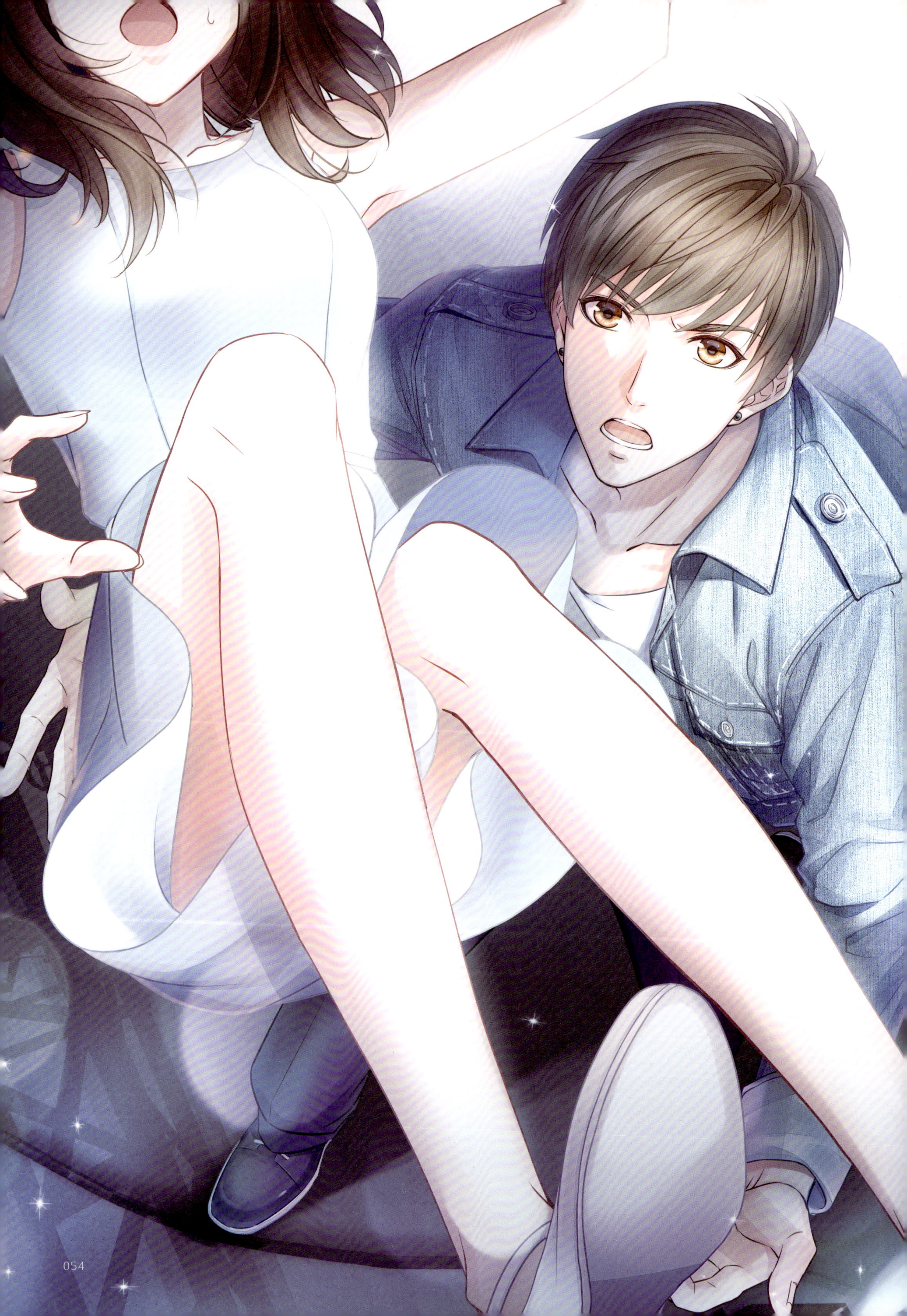

无论何时何地，我会在坠落时接住你。

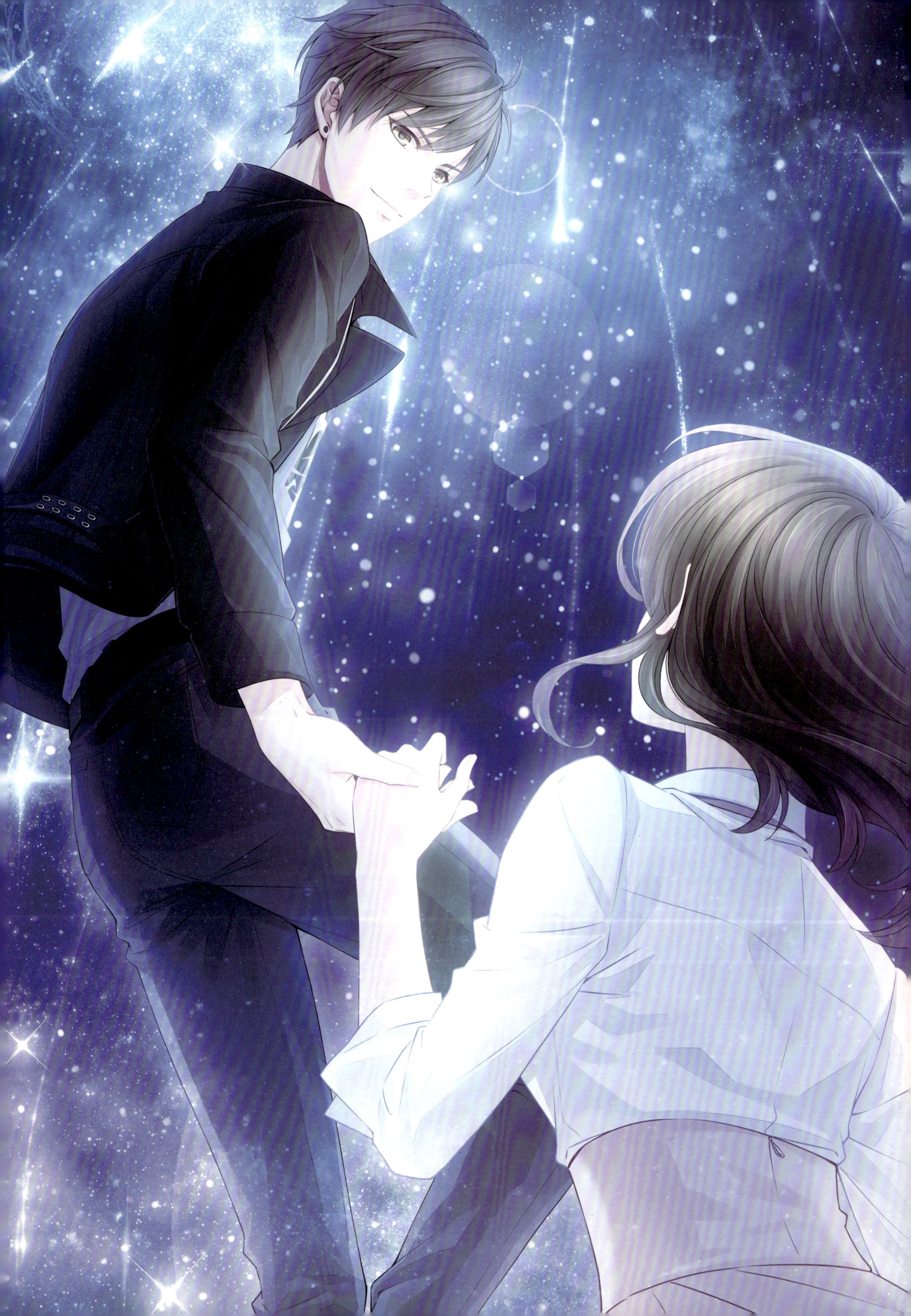

守护你，
是现在和以后
都要做的事。

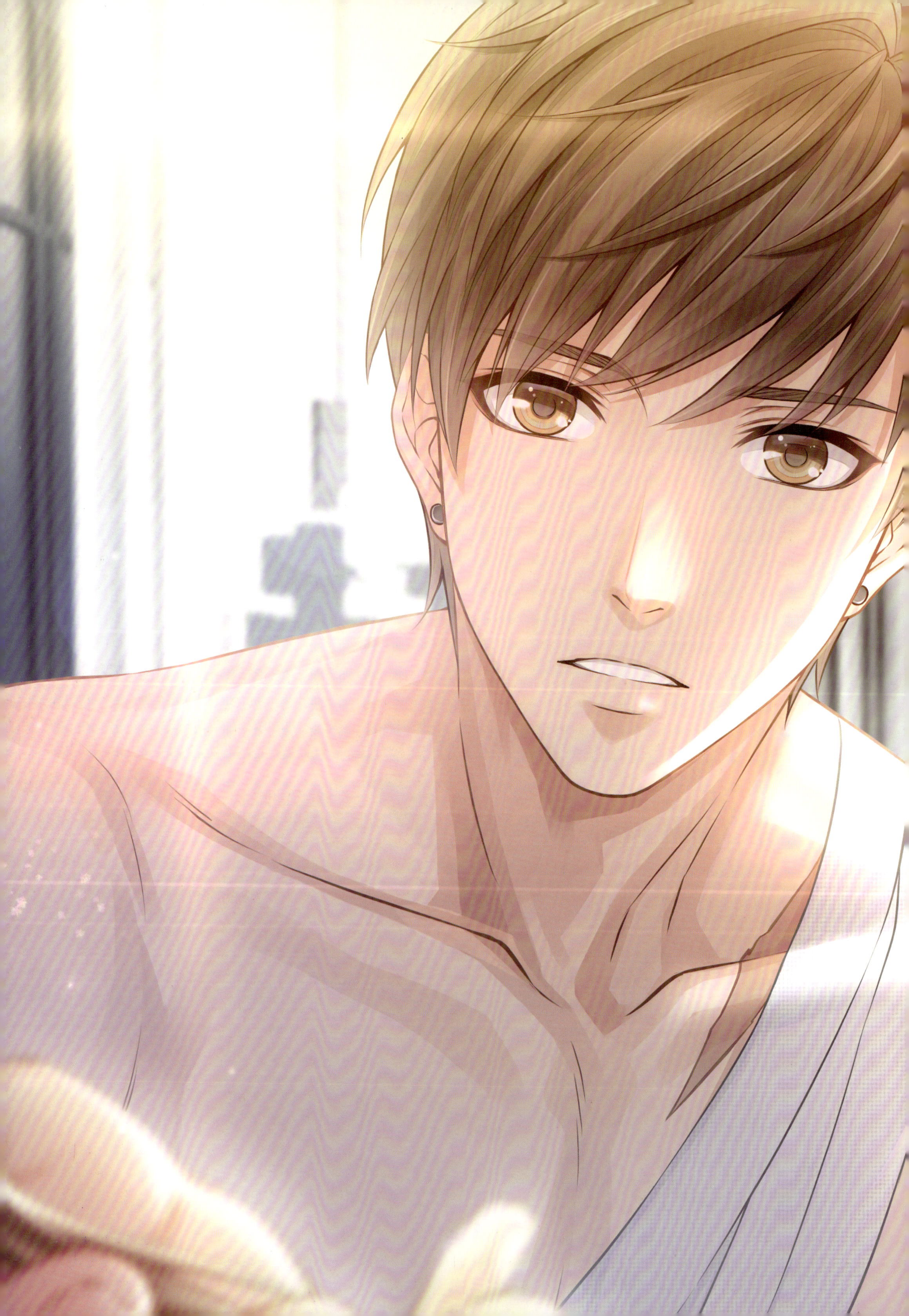

总是情不自禁，想要拥抱你。

《湛蓝温度：白起官方设定集》
▼白起

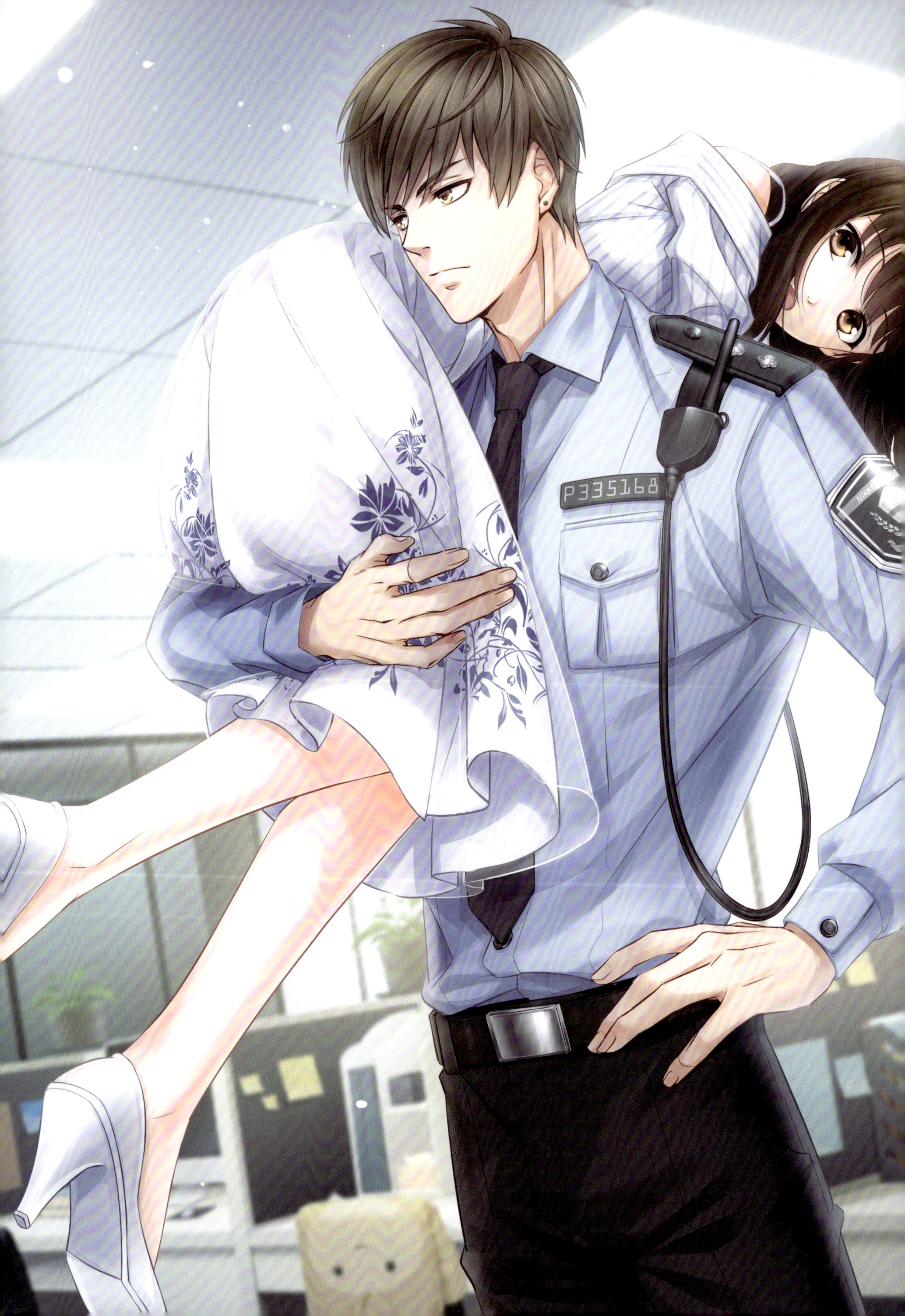
P335168

无论你在哪里，
我会跨越时空找到你。

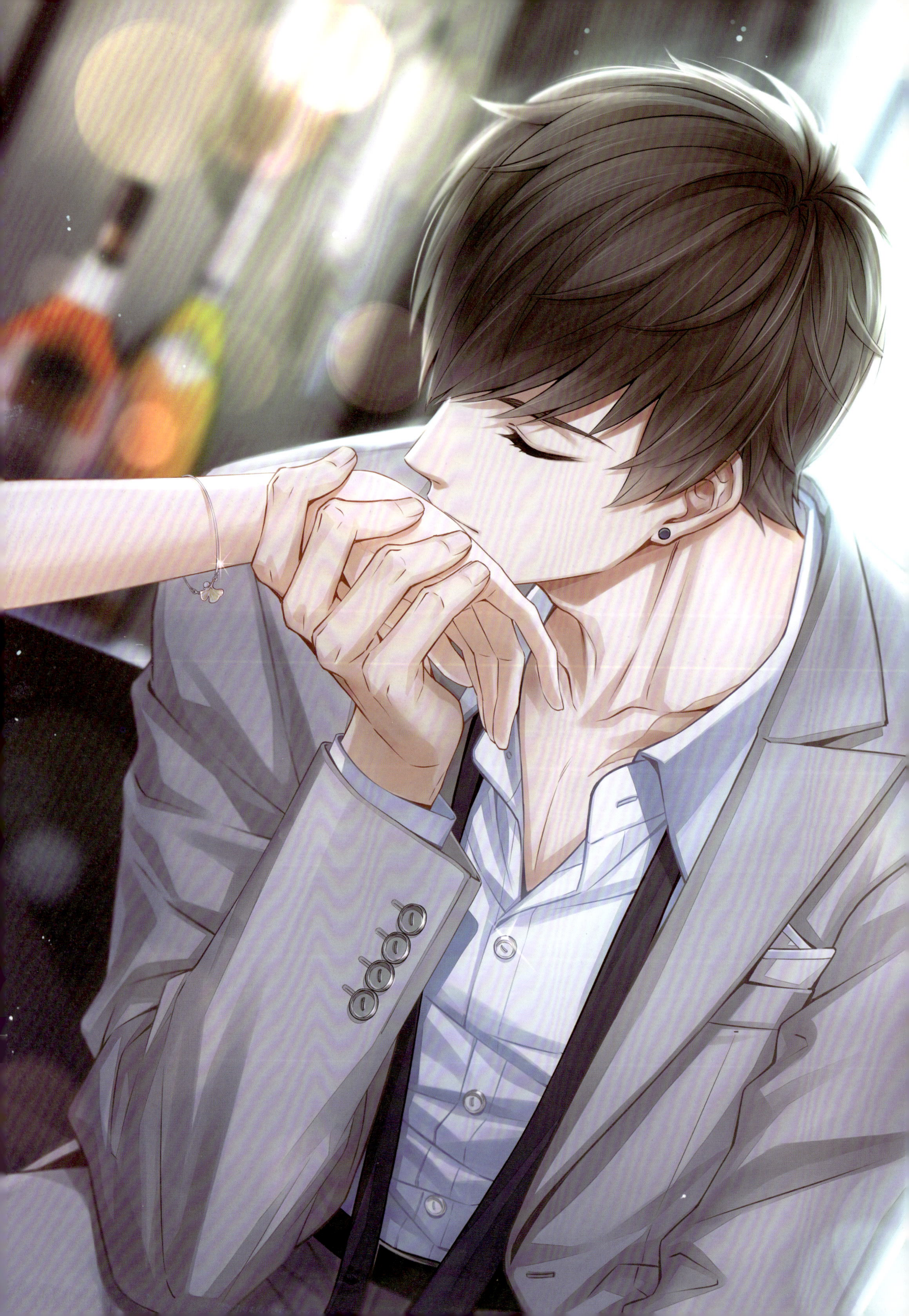

热吗?
那就再靠近一些。

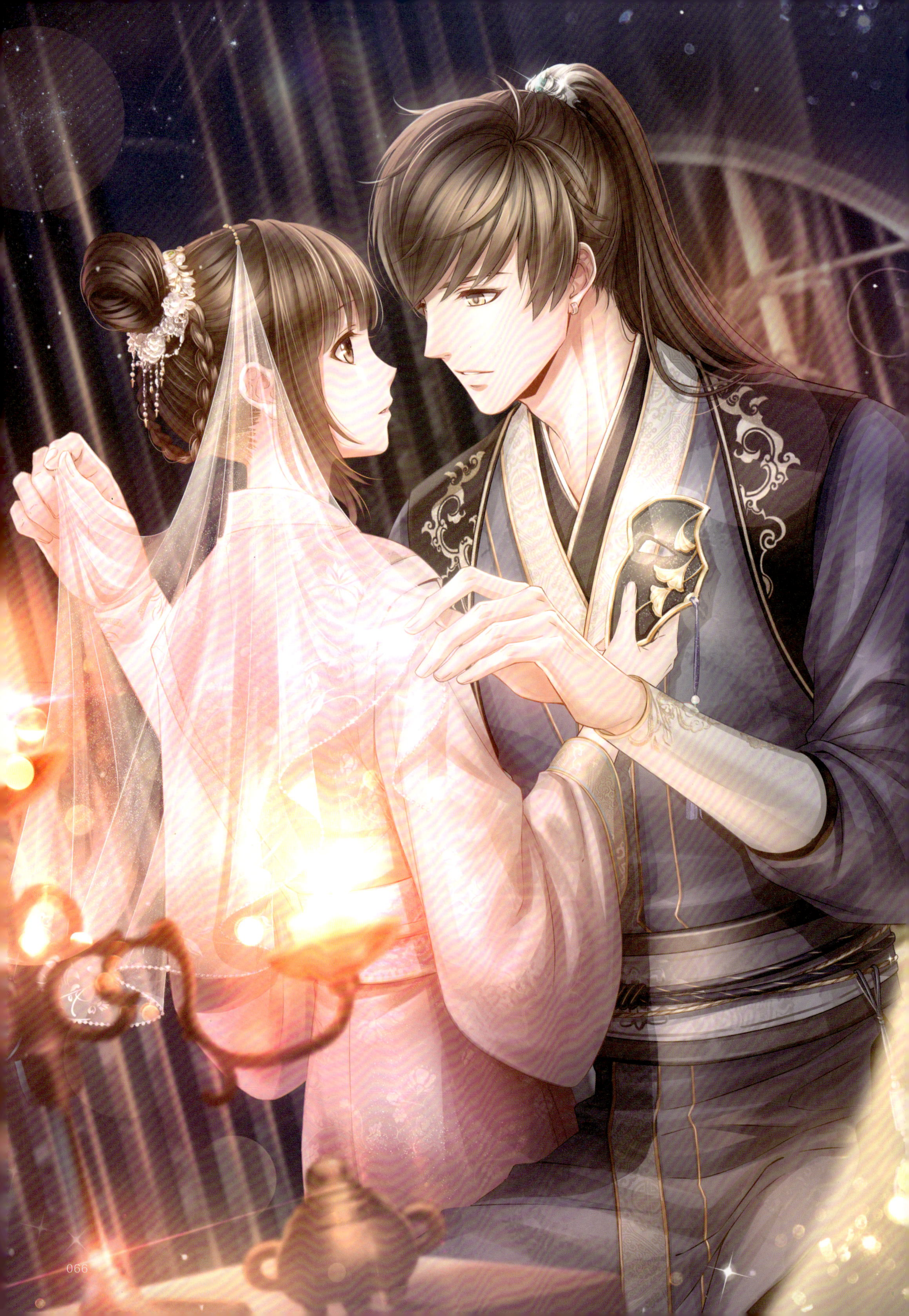

愿得一人心，
白首不相离。

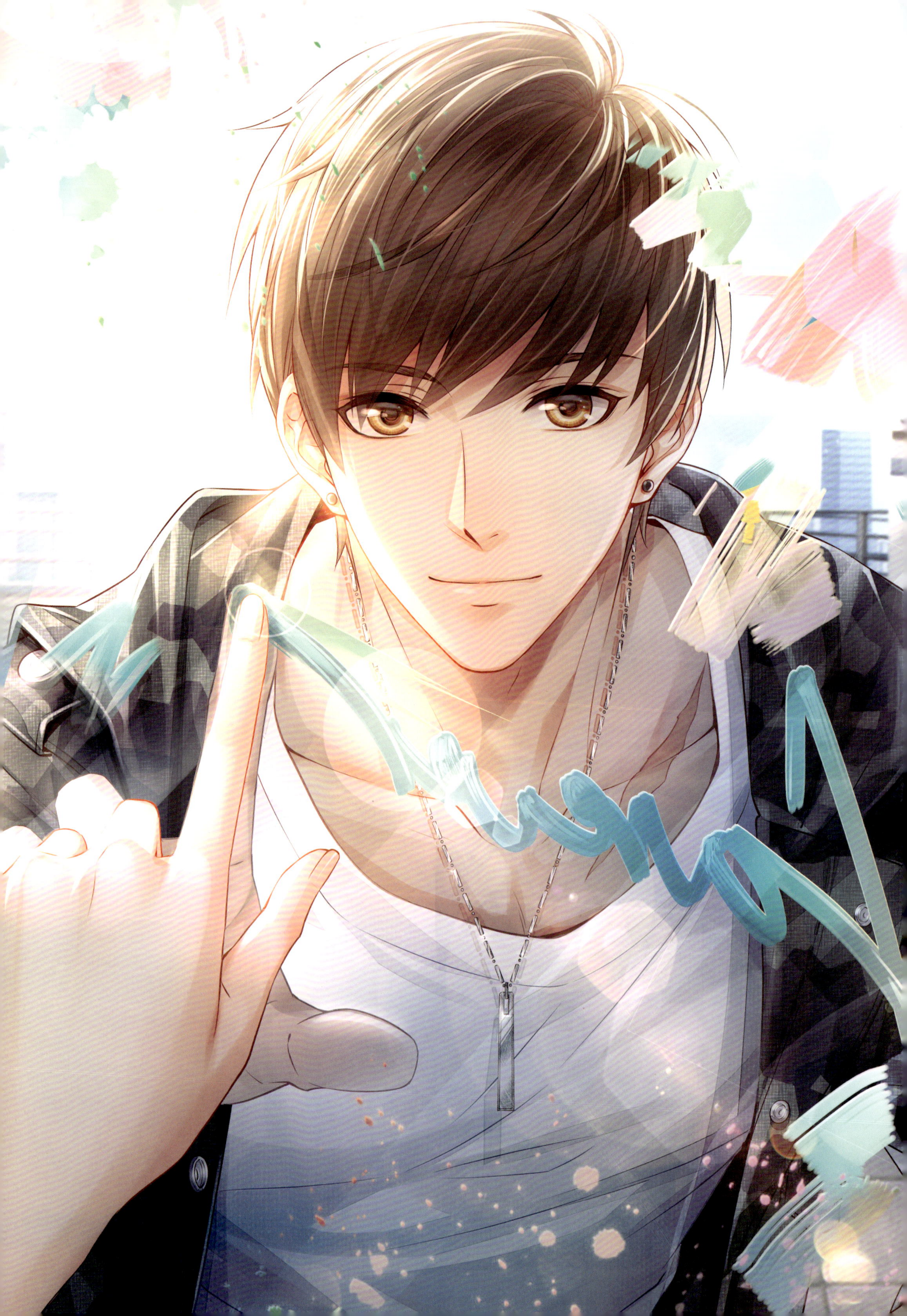

我 的领地，
只能被你占有。

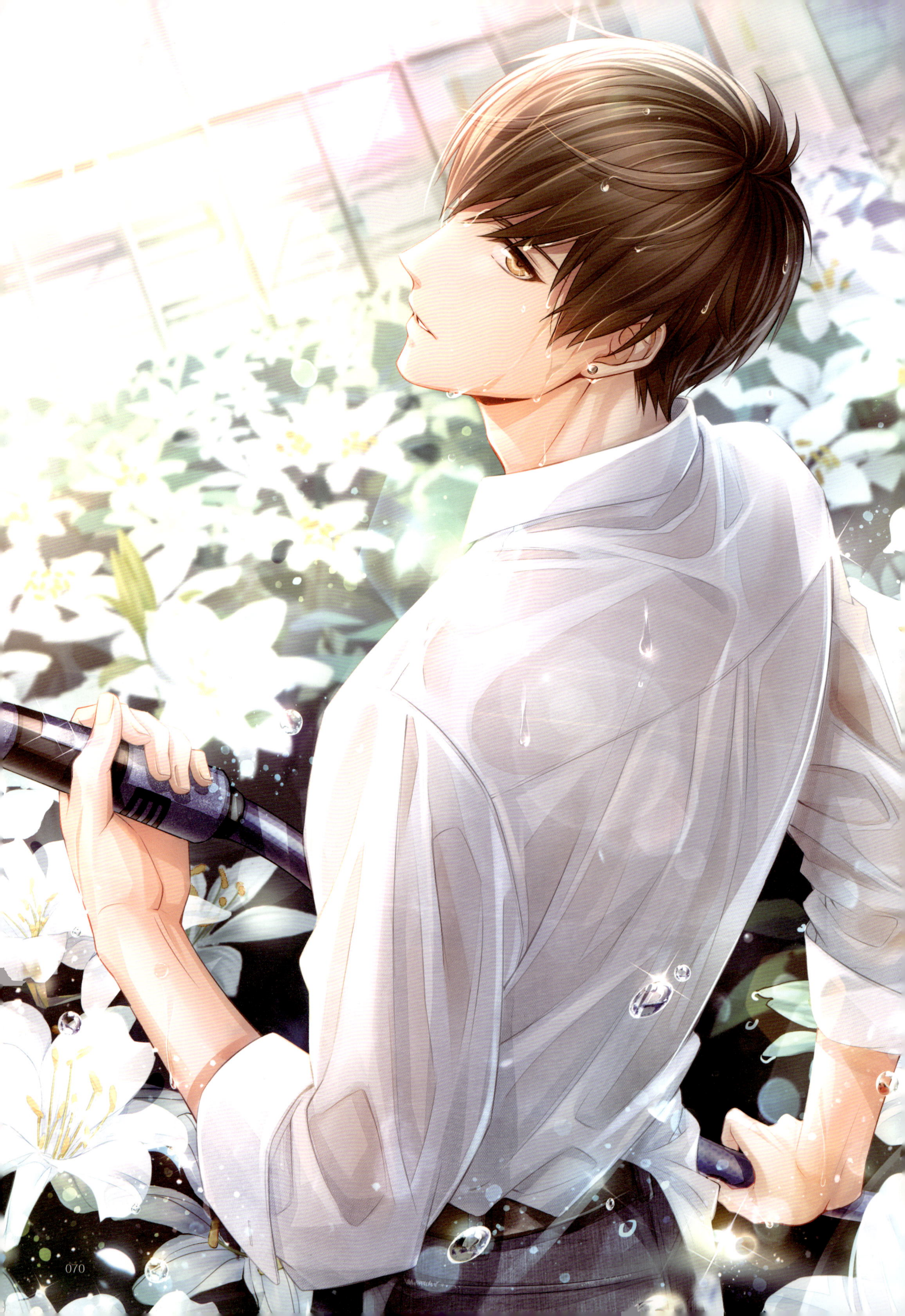

属于我最大的奇迹，
一直都在眼前。

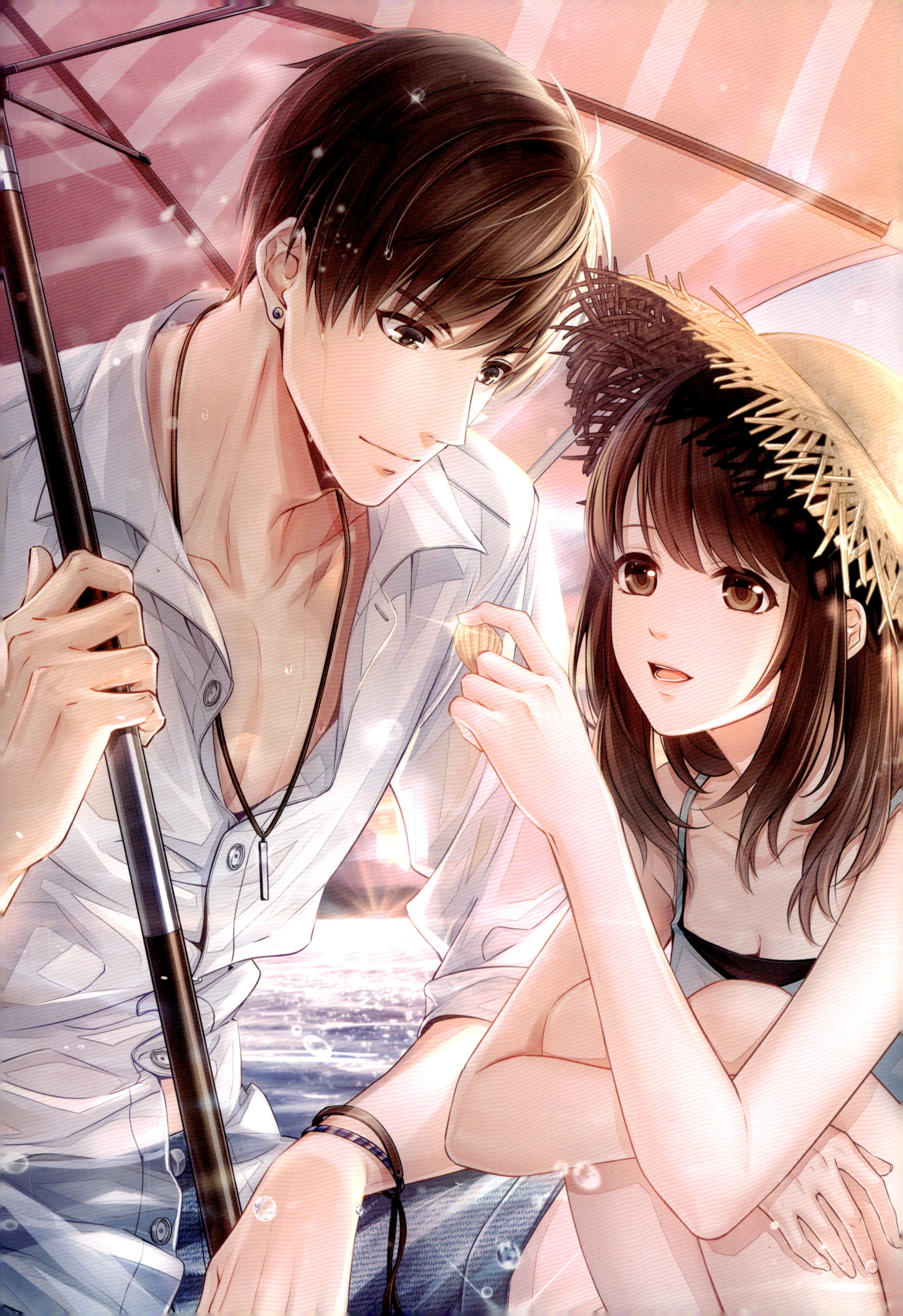

你 是四季变幻里，
岁月对我最好的馈赠。

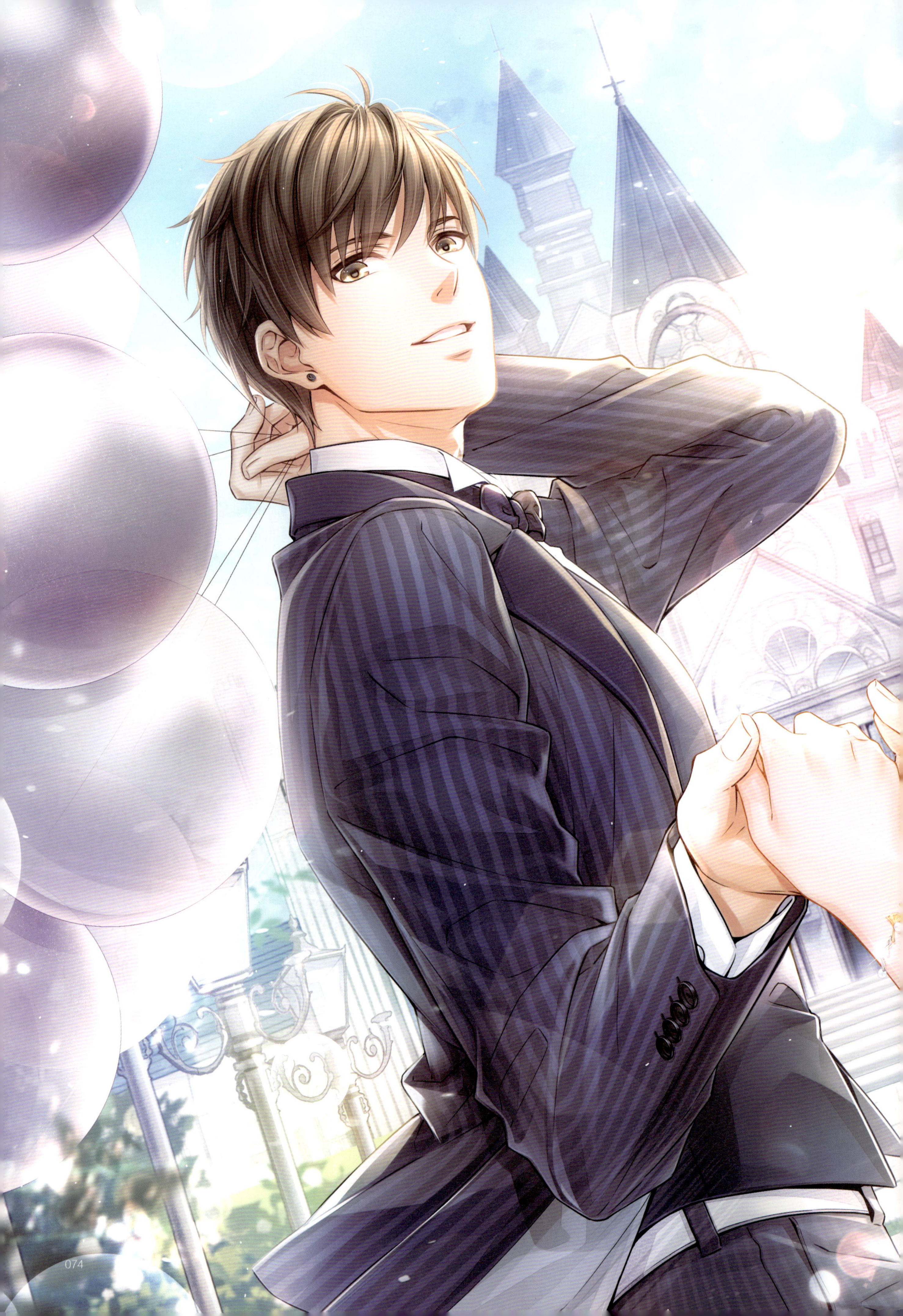

从 这一刻起，
你只属于我。

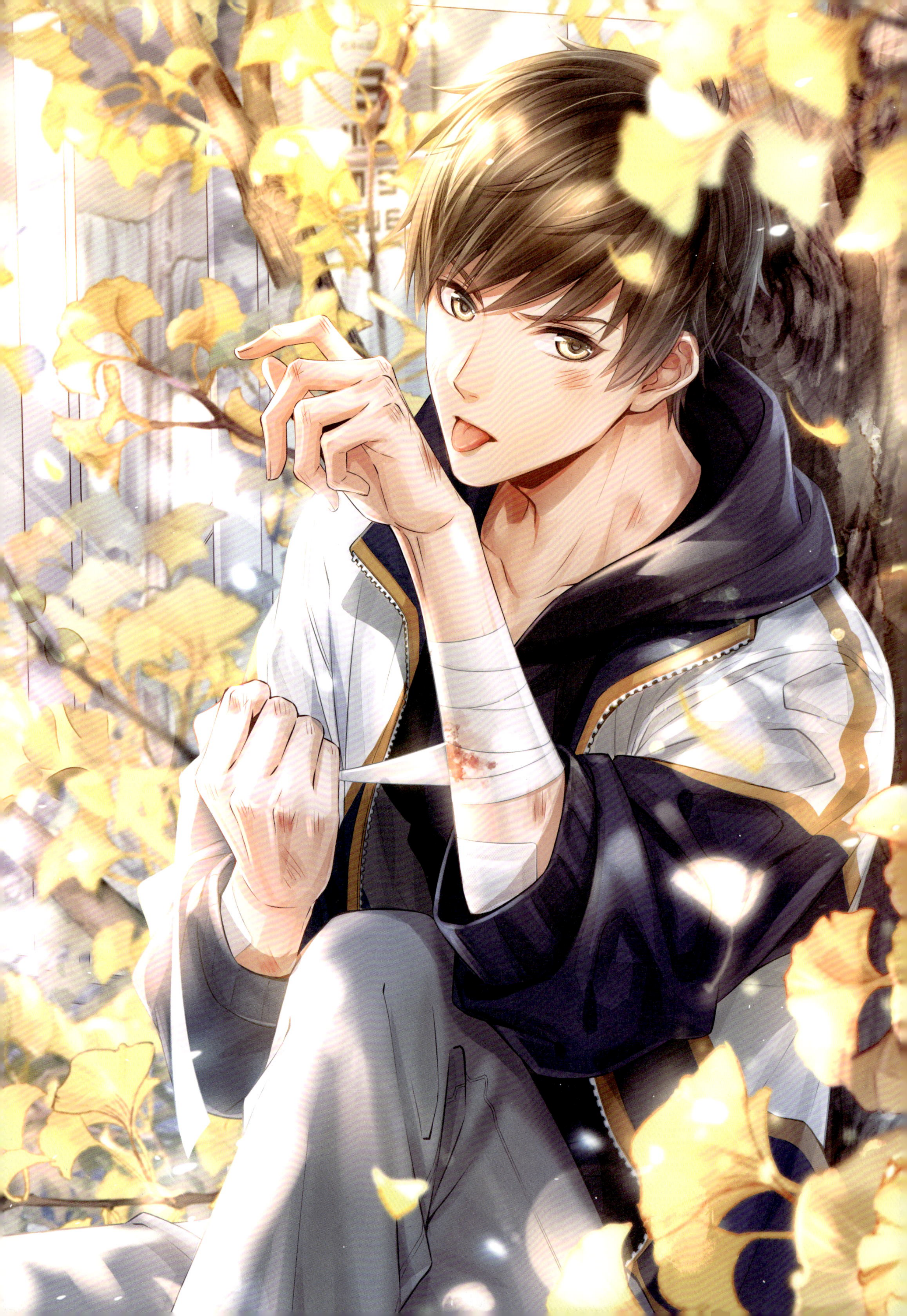

我 会抓紧你，
绝不放手了。

只要你在风里，

我就能找到你。

谁都有可能害你,

我是最没有可能的那个。

角色情节

▶ 意乱　认真
不要被既定的规则束缚，你就是规则。

▶ 思考者　羞涩
越是艰难，越要冷静。

▶ 冷暖 活力
即使逃避全世界，也要面对你自己。

▶ 热身 勇气
能击倒你的只有你自己。

081

▶ 任性邀约 纯真
在我面前，你可以任性。

▶ 率性 温情
没什么大不了，开心最重要。

▶ 握紧的拳　勇气
无论多么艰难，都要继续向前。

▶ 踌躇　羞涩
笨蛋，酒精只能麻木神经，打起精神来。

▶ 一对一审讯　温情
你在恐惧什么？越是恐惧越要战胜它！

▶ 烦恼　浪漫
烦恼啊，不知道放哪里的话就丢掉吧。

▶ 眼前一亮 纯真
不被别人认可又怎样,你有你的方向。

▶ 眼中的你 温情
努力向前吧,你回头的时候我都在。

▶ 回忆解锁 羞 泓
回忆凝结成力量，随风奔向你。

▶ 致敬吃货 浪漫
伤心不可以，伤胃更不可以。

▶ 洗白白 活力
不开心，洗个澡睡一觉，明天又是崭新的。

▶ 弹无虚发 幽默
瞄准目标，勇敢去实现吧。

087

▶ 不羁的心　认真
累了吗？飙车放松一下怎么样？

▶ 锐气　幽默
我想去的地方只有你身边。

▶ 推理　认真
能再次遇到你，就是最好的礼物。

▶ 砥砺　浪漫
我想知道，你在担心我吗？

089

▶ 调查 幽默
支撑你这种话还是由我来说吧。

▶ 冬日花火 纯真
我所有的骄傲和满足都必须与你有关。

▶ 左右为难 认真
我很固执，一旦认定一个人就不会轻易放手。

▶ 逆风 勇气
我的世界里只分为你和别人。

▶ 樱雨 温情
两个人靠近点的话,一把伞就够了。

▶ 甜蜜如你 纯真
这个情人节,我想和你一起过。

▶ 出征　春涩
你相信，我一定做到。

▶ 宽衣　浪漫
以前我没做过后悔的事，以后也不会。

▶ 耍帅高手 活力
别怕,有我在。

▶ 兜帽党 幽默
我答应你,不会让你担心。

▶ 特警日常　认真
只有弱者才明白力量的可贵。

▶ 微醺甜梦　温情
有你在,我也要爱上过生日了。

▶ 皮皮白　纯真
我以胸前的红领巾起誓!

▶ 无往不胜　勇气
无往不胜从来都不是神话。

▶ 悠闲假期 浪漫
有你在的日子都是悠闲假期。

▶ 侠客行 勇气
我不会错过你,不是承诺不是戏言,只是心里话。

097

▶ 糖分过度 活力
喝完这杯再一起做运动吧。

▶ 轻飘飘 纯真
风有点大,我马上就飘回家。

▶ 汪而可及　温情

得到的，是绝不让你孤身一人的力量。

099

在你还不知道我的时候，

我就认识你了。

Chapter 2
心路历程
— The Journey of My Heart —

×

惟愿与你,岁月同行。

人物档案

白起 Gavin

年龄：24　身高：181cm　生日：7月29日　星座：狮子座
血型：B型　职业：Evol特警　Evol：风场控制
配音演员：阿杰

　　白起是一名Evol特警，近期主动申请调到恋语市公安总局，以刑警身份活动，掩饰自己的真实目的和行动。他虽然个性反叛不羁，桀骜不驯，但有一套自己的行事原则。这样的他总是给人一种危险的感觉，刚认识白起的人很难将他和Evol特警这个身份联系在一起。

◆ 关于他

　　白起是个勇敢果断的人，并且具有大无畏的冒险精神。比起用语言，他更倾向于用行动来表达自己的内心。他就像一匹狼，看上去孤独又危险，我行我素地踏过世间。但当他认定某个人或某件事之后，又会变得十分坚定忠诚，绝不轻易动摇。

　　白起有很多处于灰色地带的线人朋友，他经常打破那些约定俗成的规矩，用一些看起来不那么"正义"的手段达成目的。有不少人因此看不惯他，认为他这样做是不合适的。对于外界的种种误解，白起懒得解释，也毫不在乎。哪怕无人理解，他也会用自己的方式守护信仰。

　　在来到警局前，白起在特遣署待了四年。在那里，他被磨练得坚韧而锋利，成为一个在任何危险境地都可以掌控一切的人。加入特遣署也代表了他与父亲不同的正义。他不会因为任何理由舍弃掉任何人，如果牺牲是必须的，他也只会选择独自去面对。

◆ 关于他名字的含义

在孩子出生前,白家的书房整整亮了一夜。没有人知道那个严肃的男人曾经对自己第一个孩子抱有的期待,他为这个孩子起名为"白起",就是希望他能像战国名将白起一样英勇无畏,战无不胜。

◆ 关于他的家庭

白起的出生被寄予厚望,从小父亲对他非常严苛。小时候,白起被认定为没有Evol的普通人之后,就被父亲认为是"没有意义的废物",遭遇极端的冷漠对待。但同时,他有一个温柔的母亲。母亲非常疼爱他,但却在他15岁时因为一场大火不幸罹难。白起还有一个弟弟,幼年时两人的关系很好,在母亲去世后兄弟俩关系变得很差。

◆ 关于他的爱好

Top1:骑"小黑"兜风
在夜幕下的城市边缘,享受自由驰骋的速度与激情。

Top2:天文
喜欢星空,曾经做过一些研究。很享受在夜空中翱翔、仰望群星的感觉。喜欢木星。

Top3:拳击
白起的秘密基地是一家拳击训练馆,他擅长各类运动,最喜欢拳击。

◆ 关于他的秘密

爱吃牛肉面、爱吃辣,平时经常吃外卖和泡面,对美食没有过多的追求。

曾经喜欢玩格斗类的单机游戏,但最近玩得不多。

不喜欢穿西装,如果一定要穿也不会端正地系好领带。

喜欢读科幻小说,还有《国家地理》那种带图的杂志。

晚上要么不睡觉,要么就很早睡觉。

◆ 其他人对他的评价

我们老大?那当然是上天入地、无所不能,以一敌百、战无不胜……此处省略500字对白哥的客观赞扬,总之他是我最崇拜的人!
——韩野

他是个值得信任的战友,是特遣署中唯一能让我完全放心交付后背的人。不单单是因为他过去救过我,还因为他就是这样值得信任的男人。
——顾征

白起很优秀,他迟早会成为特遣署的一把"尖刀"。可惜的是,他太执着于自己心中的正义,以至于被蒙蔽了双眼。但同时我也很期待,他会在这条信念之路上走向何方。
——梁季中

心路历程

Gavin 白起

时间	白起	
童年		虽然父亲总是很冷漠，但在母亲温柔的照顾之下，白起度过了一个没有什么大烦恼的童年。
10岁	父亲带走弟弟	白起的Evol尚未觉醒。父亲认为白起没有Evol基因，于是转而带走了Evol已经觉醒的弟弟。
15岁	母亲去世	母亲在火灾中去世，从此之后"火"成为他的弱点。
17岁	雨中初遇	遇到在路边傻傻为小猫挡雨喂食的你，把自己的外套给了你之后冒雨跑开。
	获得Evol	被人围殴从天台跌落时听到了你的钢琴声，获得了Evol的同时发誓将永远守护你。
18岁	告别	Evol觉醒的事情被父亲发现，受到威胁不得不离开恋语高中。离开之前给你写了一封信，却因为韩野的失误被你以为是恐吓信。
19岁	地狱任务	队友厉晔在"地狱任务"中死亡，只有白起和顾征存活，任务结束之后，白起被提拔为队长。
20岁	训练和任务	积极参与各国训练与任务，逐渐变得强大。
22岁	获得授职	获得正式授职，加入特遣署。
24岁	再次相遇	为了保护你，主动申请调回恋语市执行任务，终于再次和你相遇。
	与特遣署决裂	发现梁季中的阴谋，质疑特遣署所谓的"正义"，并与其决裂。
	参与NW计划	接受了父亲的条件，参与NW计划，改造后获得了更强的Evol。
	Black Cabin中再会	在Black Cabin中和你再会，获得了各个世界线的记忆，和你许诺在每个不同世界中并肩。

打开日记本，写下和他每次约会的时间，
制作专属于你和他的心动纪念吧！

解压之约 ——— ____年__月__日
____年__月__日 ——— 家居城之约
随访之约 ——— ____年__月__日
____年__月__日 ——— 录影棚之约
机场之约 ——— ____年__月__日
____年__月__日 ——— 三人之约
探病之约 ——— ____年__月__日
____年__月__日 ——— 游乐场之约
校园之约 ——— ____年__月__日
____年__月__日 ——— 星空之约
危机之约 ——— ____年__月__日
____年__月__日 ——— 相亲之约
跨年之约 ——— ____年__月__日
____年__月__日 ——— 春节之约
情人节之约 ——— ____年__月__日
____年__月__日 ——— 演习之约
整蛊之约 ——— ____年__月__日
____年__月__日 ——— 球场之约
炙热之约 ——— ____年__月__日
____年__月__日 ——— 许愿之约
微醺之约 ——— ____年__月__日
____年__月__日 ——— 三世之约
绮丽之约 ——— ____年__月__日
____年__月__日 ——— 虹光之约
竞技之约 ——— ____年__月__日
____年__月__日 ——— 蔚海之约
携手之约 ——— ____年__月__日
____年__月__日 ——— 旧日之约
食光之约 ——— ____年__月__日
____年__月__日 ——— 风语之约

柔软记忆

◆ 牛仔外套

> 像是一阵从青春时代吹来的风，穿过漫长的岁月，白起就这样出现在你面前。桀骜的笑容，轻松的语气，还有摩托车前座纷飞的衣角……
> 那时的你大概不会想到，他会就这样始终牵着你的手，陪你走过无数的风景。

如果不是白起带你前往特遣署，告诉你关于BLACK SWAN组织的事，你大概会一直懵懵懂懂地生活下去吧。

是不是很庆幸他愿意把一切都告诉你？因为这样，你才知道自己是那个始终被保护着的人，才终于可以站在他的身旁。

◆ 制服·外套款

◆ 白色衬衫

> 如果说一道彩虹是雨过天晴的欢喜，两道彩虹是机缘巧合的幸运，那你和白起看到的三道彩虹，一定就是独一无二的奇迹吧。
> 只要和他在一起，你们一定可以创造出更多的、只属于你们的奇迹。

夏天的风、他有些腼腆的笑容、纯白衬衣微微挽起的袖口,还有和蓝色屋顶一起定格在相框里的侧脸。
不必刻意去回想,和白起一起在爱情海畔度过的那个夏天,一定始终在你的记忆中闪闪发光,对吧?

◆ 衬衫短裤

◆ 泳装

在冲浪板上驾驭海浪的他，在灯光下拨弄贝斯的他，用轻声咳嗽掩盖害羞的他……都是那年夏天最美好的回忆。
那时的你，看着白起的眼眸，是不是觉得恍惚间，一生就这么过去了。

放飞小白的那天，阳光温暖明亮，微风吹散发丝，白起牵着你，你们一起拥抱阳光和风。

你还记得吗？他当初许下的一辈子，他琥珀般明亮的眼眸，还有你给他的那个回答。

你说，你也绝不会放开他的手。

◆ 迷彩夹克

◆ 银灰西装

你大概从来没想过，原来所谓的"见家长"会是一件让人这么紧张的事情吧。
好在白起穿着一身得体的西装及时登场，在亲戚们提出各种刁钻问题时不断维护你，否则你早就被问得晕晕乎乎找不着北了吧……

那年七夕，你印象最深刻的事情是什么呢？是白起的侠客造型，是月光下他温柔的眼神，还是……当你得知他的威亚断裂时的窒息感？

如果祈祷真的有用，你应该会愿意每天都向神灵祷告吧：请不要让他再置身于危险之中。

◆ 侠客服

◆ 婚礼礼服

虽然这场婚礼只是一场拍摄活动,但你是不是曾在心里偷偷地期待过?
那条你们一起走过的鲜花小路,那些明亮而璀璨的瞬间,以及那个牵引着你走向前方的人……
就这样和他一起,开启你们的真正的人生。

第一次和白起一起过情人节，第一次收到他送给你的贵重礼物，第一次两个人喝同一杯饮料……
你在那天经历了太多值得回忆的第一次，而这些记忆，对他来说一定也是同样的珍贵吧。

◆ 黑色外套

115

◆ 军装

　　漆黑的制服和手套，闪着寒光的勋章，还有冰冷的手铐……你大概从未见过这个样子的白起吧。
　　可即便是完全不认得你，他还是会认真地阻止你涉险，也会将你遗落的手链收好。
　　不论如何，他始终是一个温柔的人啊。

明明都受伤了还一脸开心地想去打篮球，男孩子都是这样的吗？
是不是可以轻易地想象出来，小时候的白起一定是带领一帮小男孩跑向操场，在前方笑得最张扬的那一个孩子！

◆ 学生制服

117

我陪你一起，

　　直到最后。

Chapter 3
时光信物

―Gifts from the Past―

时光与你，都是最好的馈赠。

时光信物

通讯器
随身携带，
不可或缺。

手套
出任务的标配，
和你在一起时候会摘下。

合影
有关我们的每段纪念，
的瞬间都好好保存了下来。

硬照
因为是你的事，
成了不忘掉。

星空蛋糕
你的愿望
只有我能实现。

星缘石·杏语
那是我最后一次迟到，以后不会了，
我永远会在你一身边。

可爱发圈
我只希望
你每天这样。

触屏手机
到末视那空校园的话，你想
知道什么我都会完整告诉你。

洗发水
下次，
再帮你挑买吧。

记录下和这些时光信物有关的记忆吧。

警徽

脑海中浮现出记忆里你高中的模样……还真是一个叛逆少年的逆袭史。

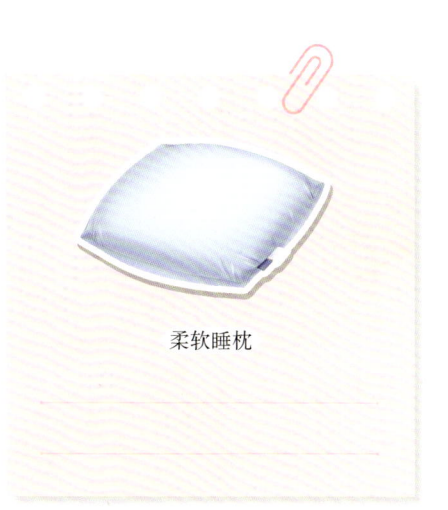

子弹

柔软睡枕

银杏叶

信件

手机链

白起家钥匙

薰衣草眼罩

姜茶

121

即使没有Evol，

我依然可以保护你。

Chapter 4
与他相逢
- Meet Him -

×

命定之人，执手相随。

与他相逢

/ 白起房间 /

简约风格的房间,似乎在你们重逢后,便被一点点地注入了生活气息。整整齐齐的办公桌上,不知什么时候多出了你们的合照;而你送他的手套,也被好好地放在了衣橱里最显眼的位置。

/ 白起家厨房 /

　　连调味料都不齐全的厨房里,慢慢染上了油烟的味道。你们在这里一起做过很多道失败的菜品,但他每一次都能笑着吃到一点都不剩。下一次,究竟能不能一起克服"黑暗料理"的诅咒呢?

/ 特遣署办公室 /

你在这里知道了特遣署的秘密,也知道了他一直以来坚守的正义是多么的来之不易。那次之后,他或许再也不会踏入这个地方,但你应该已经确切地相信了他口中的信仰吧。

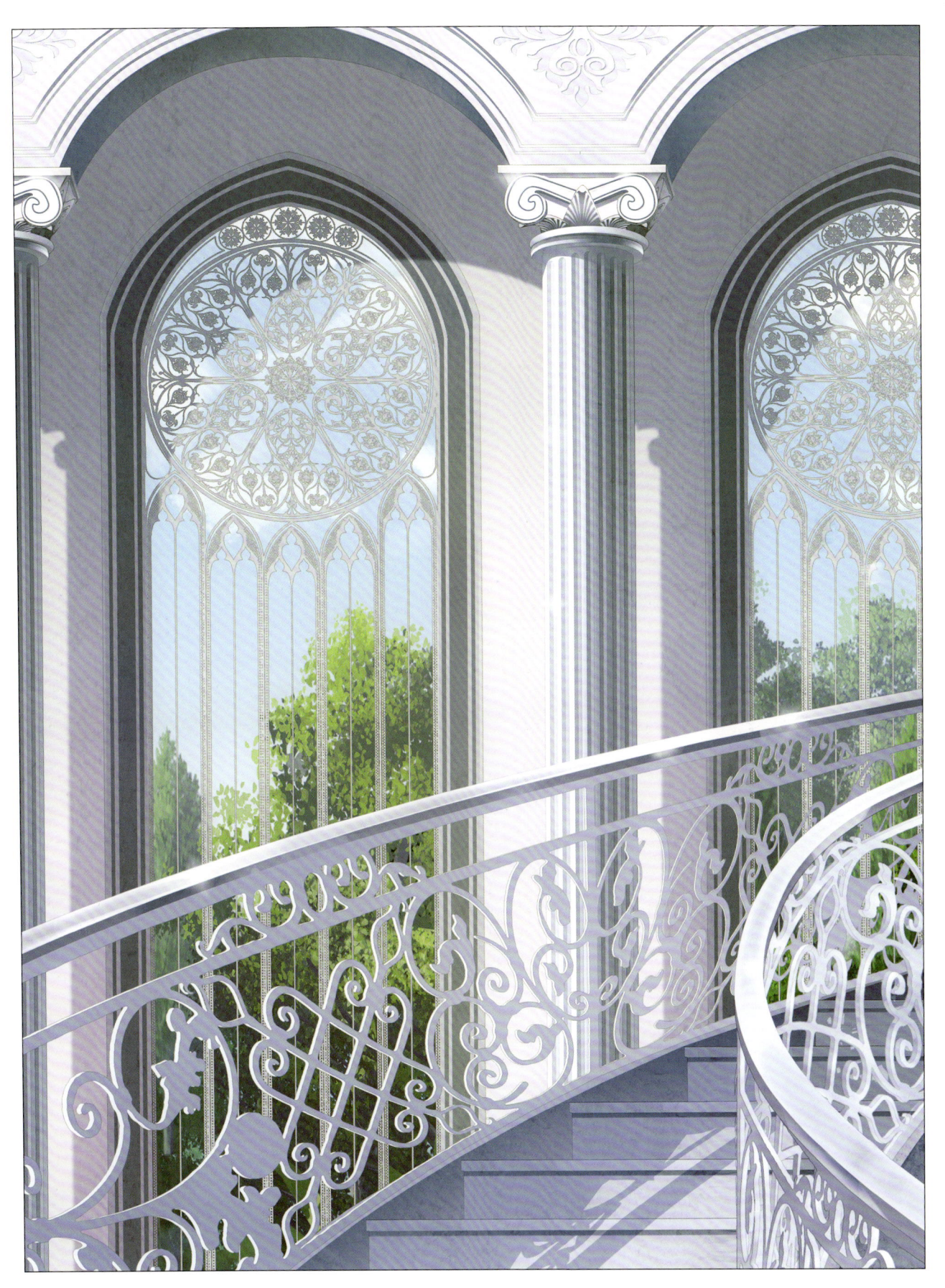

/ 城堡台阶 /

被他牵着走上那幽深的旋梯时,你的心比平时跳得更快了些吧?是单纯出于对未知景观的期待,还是因为他手心上源源不断传来的热度呢?

独家记忆

还记得你们的约定吗？每和白起去过一个城市就在上面做上一个小记号。世界很大，每一处风景都和他一起欣赏。

看着就会让人心情变得愉悦的绿色一角，白起现在也会适当地控制浇水量了！

陪伴白起看球的好伙伴，希望它能早日无用武之地……

有了这盏小灯，就不用翻山越岭去看星星啦。

拉着白起一起偷懒的小小角落，躺在柔软的草坪上，阳光正好。

原来脸红的时候除了咳嗽，还会下意识挠头……又发现一个他的小习惯！

你也一样，在他每次呼唤你的时候，会立刻跑到他的面前吧？

如何跟白起比一场他不故意"放水"的拳击，也是一个无解的问题！

有时候和他一起躺在草坪上看看天空，安静的日常也很好。

从他手中掷出的篮球在天空划出亮丽的曲线，像长出了翅膀。

快停下!!水真的已经浇得够多啦!

想要找到那些被他藏起来的小情绪，不想他一个人去承担所有事啊。

风的使用方法有很多种，这一种是只属于你的。

"辛苦啦，我的特警先生。"

你会不会偶尔想起，在那些错过的青春时光里，究竟会有多少令人遗憾的画面？还好，现在你抓住了。

有时候会互相说说发生过的事，有时候只是坐在一起，不说话也很美好。

"一定要和最喜欢的那个人坐上缠满花的秋千。"
记得在很小的时候，你在本子里这样写过，不过这件事一直没告诉过他。

"流星流星，我的愿望很小的：请让这样的日子一直延续下去吧。你一定会帮我实现的对不对？"

这不是告别，

所以……等我回来。

Chapter 5
纸短情长
— Whisper by Letter —

×

他的秘密，他的低语。

故事的背后

137 配音演员访谈
阿 杰

138 文案访谈
文案组

139 美术访谈
美术组

140 制作组访谈
制作组

配音演员访谈

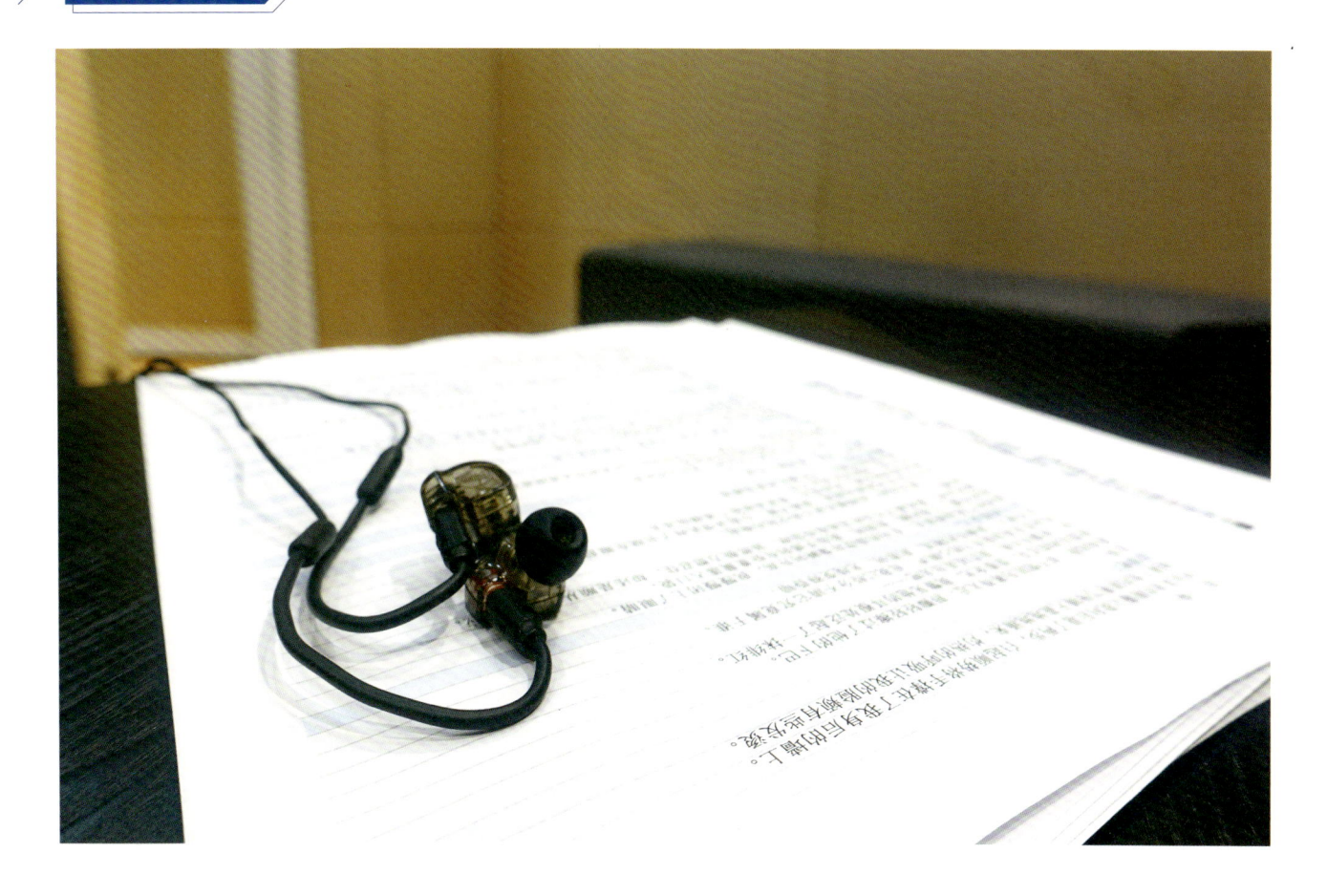

阿杰 | 中国知名配音导演
出演角色：白起

"希望他在坚守信仰的同时能开心、乐观地过好每一天。"

◆ Q1: 阿杰老师和白起相处了这么久，对他有没有一些新的认识？

阿杰：嗯，确实会有一些，但其实最明显是觉得这个人最近越来越做回原本的自己了。其实他母亲的事情、他父亲对他的态度问题，真的很大程度上改变了他的个性和处事原则，我还是希望看到他在坚守信仰的同时能开心、乐观地过好每一天。爱情使人开朗，蛮好的。

◆ Q2: 那白起有没有什么品质是让你非常欣赏的？

阿杰：我觉得他有一点很好，就是对自己认定的事情非常坚持，不管是对正义、信仰还是感情，认定了就义无反顾向前走。

◆ Q3: 你对白起的Evol怎么看？

阿杰：本来是很想拥有来着，但是……北京这个天气吧，感觉不太用得上。他的Evol如果足够强的话，能不能吹散雾霾啊？我改天找机会问问他。

◆ Q4: 你有没有什么话是一直很想对白起说，但是还没说出口的？

阿杰：虽然他不是那种很会跟女孩聊天的人，当然最近已经有所改善了，有很大的进步。不过，千万别刻意地去改，我想女孩们最喜欢的就是他这个人。

◆ Q5: 阿杰老师最近有"打卡"到不错的餐厅，想带白起一起去的吗？

阿杰：最近发现了一个很辣很好吃的地方，下回可以约他一起去吃宵夜，哈哈。

文案访谈

文案组

"他应该是自由的，是无拘无束的。"

◆ Q1: 游戏的剧情故事中有许多科幻的成分，是出于什么考虑选择在一款乙女游戏中加入科幻元素？

其实我们觉得恋爱在很多时候有点被低估了。爱情不只有风花雪月和甜言蜜语，爱情会给我们勇气，带我们去往全新的世界，开启新的旅程，找到那个无所不能的自己。恋爱故事其实天然地适合和任何母题结合，我们在爱情里可以去讨论各种问题：个人的成长、社会矛盾、文明的真相、历史的兴衰……我们想和玩家交流的故事，是一个关于"残酷的竞争和爱的力量"的故事，这不光是一个复杂的、有科幻元素的故事，其实也和我们每个人的生活息息相关。

◆ Q2: 作为Evol特警，白起是365天全年无休的吗？
不是，但是要做好随时接受临时任务的准备。

◆ Q3: 白起为什么养不活小绿？
水浇太多。

◆ Q4: 使用Evol，白起最高可以飞到多高？
只要他想，多高都可以。

◆ Q5: 白起很喜欢吃面吗？
也没有到"很喜欢"这个程度，只是觉得比较方便。

◆ Q6: 在为白起设定Evol时，有什么特别的考虑吗？
觉得他应该是自由的，是无拘无束的，就像是……一阵洒脱而自由的风。

◆ Q7: 在相处过程中，白起有什么不易被察觉到的"萌点"吗？
略显笨拙的关爱与体贴吧，比如坐完摩天轮之后会问"多坐一圈开心吗"。

◆ Q8: 2018年的七夕活动，白起的古代设定让人印象深刻，为什么会给白起设计这样一个古代的身份呢？
来无影去无踪的大侠，即使摔落悬崖依然能冲上云霄的侠客，不是很合适吗？

◆ Q9: 白起是猫派还是狗派？
狗派。

◆ Q10: 觉得白起最经典的一句台词是什么？是怎么想到的？
"只要你在风里，我就能感知到。"
在剧情中很自然地就出来了，白起就是这么说的。

◆ Q11: 对于白起,有没有什么一直想写却没能实现的剧情？
更加富有青春恋爱感的剧情，比如蹲在天台楼梯上接吻。希望可以尽早安排上。

美术访谈

美术组

"连秘密基地的工作台上，都要摆上你的照片！"

◆ Q1: 关于恋语市的各处场景，有没有现实中的参考对象？

这个问题的答案想必有些细心的玩家已经发现了，我们确实参考过一些现实的场景，比如外滩。

想要给大家这种恋爱就发生在身边的感觉，所以就想把我们生活的城市场景带入游戏里，也能让大家觉得更亲切更真实。

◆ Q2: 美术小姐姐是怎么看待玩家戏称的"叠纸画风"？《恋与制作人》的美术风格和叠纸其他游戏最大的区别是什么？

其实我们自己也不是特别能理解"叠纸画风"的含义，不知道具体指的是什么。大概是色调和氛围都会比较清新浪漫？我们自己内部觉得不同系列的游戏画风还是很不一样的。"恋与"相对来讲要"硬"很多（笑），毕竟我们的主角可是四位成年男性。现在的风格基本就是"硬而不糙"，既要有细腻精致的地方，又不会那么软绵绵的。

◆ Q3: 有考虑给白起换个发型吗，比如寸头之类的？

按照他的性格，可能还真的考虑过，毕竟寸头那么方便。不过话说回来，大家真的想看他寸头吗？

◆ Q4: 白起平时是怎么买衣服的？网购还是去商场？

觉得该买衣服了就会找时间去商场，偶尔也会在网上买。

◆ Q5：白起身上到底有多少道不同的伤痕？

锁骨处和背部有几道尤其明显的伤痕，其他地方还有许多不明显的。

◆ Q6: 白起的初期设定和最终设定为什么会差这么多？当初为什么会给他设计那样一个略显"杀马特"的发型？

其实每个人在最开始都会尝试很多不同的发型，然后从中选出一个最适合的进行改良细化，"杀马特"只是沧海一粟。

曾在微博放出过的白起初设图

◆ Q7: 白起的衣柜目前为止有多少套不同的衣服？

这个不好说，毕竟还在不停地买新衣服。男人的衣柜也和女人一样，永远少一件衣服、一条裤子、一双鞋、一块表……

◆ Q8: 游戏中经常出现花，请问美术组觉得哪种花最适合白起？

白色的丁香花。

◆ Q9: 白起家的设计，美术小姐姐认为最特别的地方是什么？

特别之处在于"只有你知道的温暖"。

看似冷酷的黑白色调下，细节却处处透露出你们生活中的点点滴滴：窗外能看到阳光下对你们有特别意义的银杏树，窗前一架子坚强的"小绿N+1"号，就连秘密基地的工作台上，都要摆上你的照片！

◆ Q10: 白起最难把握的地方是？

头顶的"呆毛"应该根据风向往哪边倒。

制作组访谈

制作组

"让人挺有安全感的，像港产片里的'阿Sir'！"

◆ **Q1：为什么要制作《恋与制作人》这款游戏？**

制作人：我们公司内部是从2015年开始正式立项制作这款游戏的。做一款以恋爱为核心体验的手机游戏，这在当时是一件还没有多少公司会去尝试的事情，公司内部对于项目的可能性也有很多的讨论。但最终决定去做，并且在不断的迭代和更新中坚持了3年的理由其实特别简单。无论什么年龄、无论是否谈过恋爱、无论是否结婚有了自己家庭，我们相信每个女生内心都仍在期待着因为恋爱而心动的体验，因此我们相信《恋与制作人》有一定要诞生的理由。这份信念也一直在制作和运营的过程中引导着我们，也希望将来可以不断带给大家更多更美好的恋爱体验。

◆ **Q2：《恋与制作人》这个游戏名的由来是什么？**

制作人：不知道有没有人记得我们官网从最早的时候，宣传语一直就是"爱与梦想都要棋逢对手"。为什么这个游戏最终叫"恋与制作人"呢，因为你和他之间的纽带不止狭义的恋爱本身，更是贯穿了彼此并肩的人生旅程。

◆ **Q3：游戏中有没有什么隐藏得很深的"彩蛋"？可以稍微讲讲吗？**

策划小姐姐：没有藏得很深吧，不过确实是有些"彩蛋"的，应该也有玩家注意到了。比如在"城市漫步"中大家可以看到的某张海报；在"去见他"里，某些衣服和背景的搭配其实会引出一些隐藏台词，欢迎大家尝试。

◆ **Q4：和白起一起去抓捕犯人的话，能帮他做些什么？**

UI小姐姐：思前想后，可能只能成为诱饵……

◆ **Q5：制作组内部是怎么称呼白起的？**

制作人：白起、老白、起子、白哥。

◆ **Q6：制作组内部的男性成员是怎么看待白起的？**

QA小哥：正义的使者，让人挺有安全感的，像港产片里的"阿Sir"，但有时候又像陈浩南。

◆ **Q7：假如拥有了白起的Evol，会用来干什么？**

程序大哥：当然是先去飞一下！

◆ **Q8：如果有一天能变得和白起一样无所畏惧，最想做的事情是什么？**

商务小姐姐：报，报效祖国？

◆ **Q9：最后，有没有什么想对玩家说的话？**

制作人："制作组和玩家"，这份联系本身就足够让人珍惜，我们创造的世界，因为你们的加入才变得完整。相伴在恋语市的日子已经成为我们人生中很重要的一块烙印。这个世界还在不断变得更加丰富和广阔，敬请期待！

反正无论在哪个世界里，

我都会在你身边。

不会不告而别了。

给可爱的你：

好像每次提起笔的时候，都是在给你写信。

我也知道自己的字不太好看，但总感觉这样比较好跟你说下面的话。

对了，要是实在有看不懂的地方，直接拍过来问我就好，随时都可以。

平时你老是跟我多讲些自己的事，所以我今天就想试一下。要讲的事情可能没你想象的那么有趣，但还是希望你可以看到最后。

重逢时的场景，你还记得呀？每次想起来都不在警察局外，你第一次坐上小黑时那紧张发抖的样子，我都会忍不住发笑。不是在笑你出糗，而是真心地感到高兴——终于，又遇到你了。

有件事我还是想再和你说清楚，其实我们的重逢不是偶然，一切都是经过安排的。就像人们经常说的"命运"在我看来也都是他们自己的选择。每一个结果、每一种结局都是有迹可循的，通通来自于我们曾经做下的选择。

虽然绕了点远路，彼此在遗憾错过，能和你重逢对我来说就是最好的结局。

你们在不久之后的未来中，肯定还要面对更多的事，做出更多的选择。我相信独立又坚强的你能做好每一个判断，但也希望你别老是一个人扛着所有。

记住，我会在这里一直陪着你。

突然跟你说这些，会不会有点沉重？

但我只是不管怎样都想跟你说，不论所期望的未来中，一直都留着你的位置。

何越

所有的回忆都会悉数珍藏，所有的心意都能得到回应。在这里，写下你想对他说的话吧。

给你祝福的人，是我。

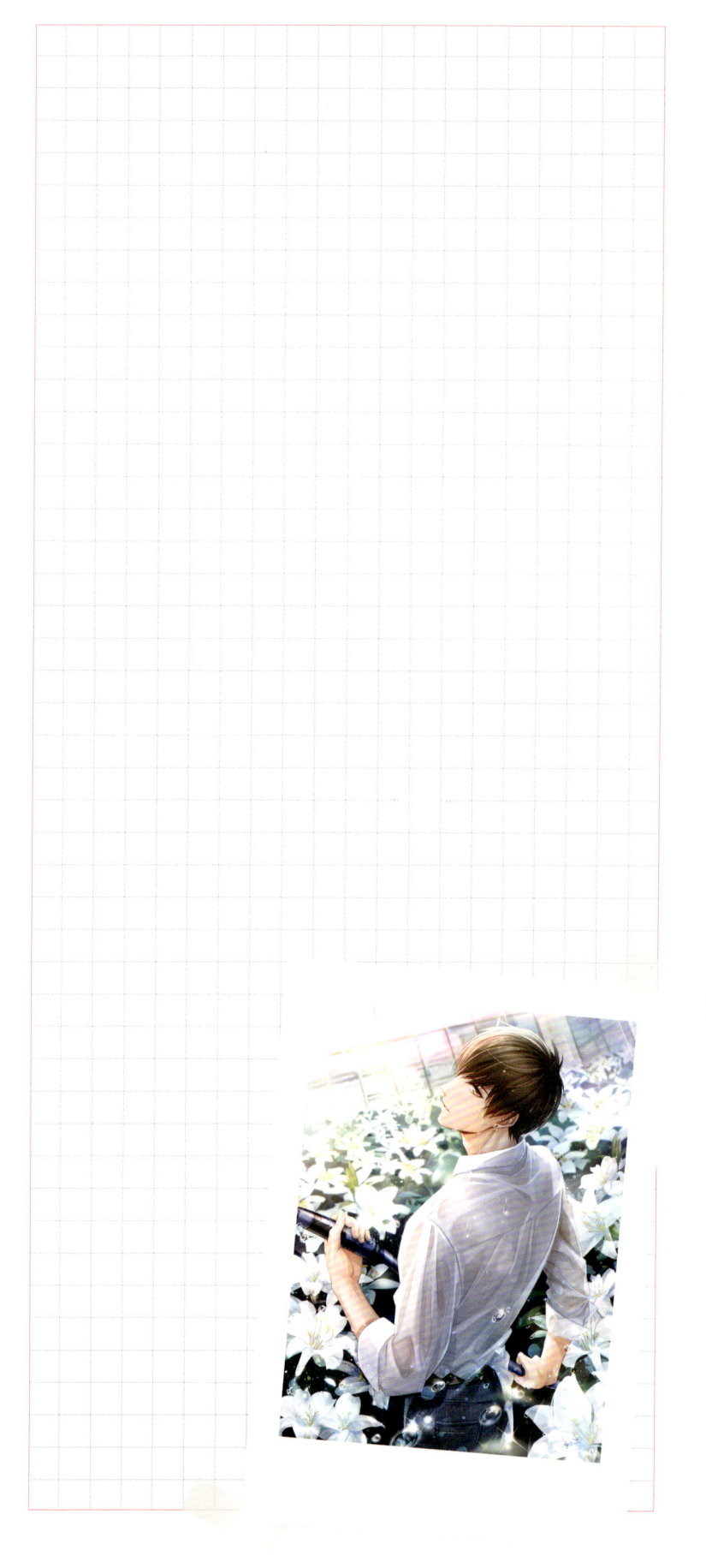

我不在乎每天该做些什么才会有意义，
　　　　我只，在乎……你。

什么时候你准备好了，

随时可以做我的新娘。

再没有什么，

可以将我们分离。

图书在版编目（CIP）数据

湛蓝温度：白起官方设定集／恋与制作人著. —
广州：羊城晚报出版社, 2019.10（2024.5重印）
ISBN 978-7-5543-0693-2

Ⅰ. ①湛… Ⅱ. ①恋… Ⅲ. ①手机软件－游戏－图集
Ⅳ. ①G898.3-64

中国版本图书馆CIP数据核字(2019)第044897号

湛蓝温度 白起官方设定集

ZHANLANWENDU
BAIQI GUANFANG SHEDINGJI

责任编辑	黄初镇　张灵舒
特约编辑	易　莎　李叶琳　袁　珊　陈锶林　杜淑贤
责任技编	张广生
责任校对	杨　群
出版发行	羊城晚报出版社
	（广州市天河区黄埔大道中309号羊城创意产业园3-13B　邮编：510665）
	发行部电话：(020) 87133824
出 版 人	吴　江
经　　销	广东新华发行集团股份有限公司
印　　刷	广东广州日报传媒股份有限公司印务分公司
规　　格	889mm×1194mm　1/16　印张 9.5　字数20千
版　　次	2019年10月第1版　2024年5月第6次印刷
书　　号	ISBN 978-7-5543-0693-2
定　　价	109.00元

版权所有 侵权必究

本书如有印装质量问题，请与广州天闻角川动漫有限公司联系调换。
联系地址：中国广州市黄埔大道中309号 羊城创意产业园 3-07C
电话：(020) 38031253　传真：(020) 38031252　官方网站：http://www.gztwkadokawa.com/
广州天闻角川动漫有限公司常年法律顾问：北京市盈科（广州）律师事务所